1日でマスター

断易入門講座 下

雪之靜
YUKINOJYOU

八幡書店

断易入門講座　下　【虎の巻】

はじめに

上巻を読了された方は、「断易」は、卦の象意を見て森羅万象を占う「周易」とは異なり、五行の作用だけで吉凶判断を行うことをご理解いただけたものと思います。

この下巻では、上巻に続いて新たな特殊作用（理論）の修得を目指していきますが、上巻で解説した理論を再度とりあげたものもあります。「三合会局」や「応期断法」がそうですが、これらは断易講座の現場でも、一回の講習ではマスターしにくい項目といえます。更に復習を重ね、応用していく事で、断易の道理を確実に身につけられると考えます。

その他、上巻で解説した基本概念や理論は、各章で「まとめ」の要素も入れながら再度解説していきますので、「まだよくわからない」と感じている方も、本巻で取り上げる断易の本質に触れて、習熟に至ることも可能かと思います。

なお、本巻の途中（第二十九章）に、「質問コーナー」を設けました。断易占断を指導している教室で、実際に受けた質問を元に回答したものを掲載しました。本書を読まれる方も、折に触れて疑問に思ったことをメモしておくことをお薦めします。原則的に、個別のご質問への回答は致しておりませんが、続巻が上梓されることがあれば、ご質問の投稿も掲載して回答する機会もあるかと思います。

また、第三十九章においては、納甲表（納爻表）がどのような考えの元に成り立っているかを解説しました。この理論を理解せずとも実占は可能ですが、断易（五行易）理論の全体像を把握するには外せないものと心得ております。

第四十章「頻出用語レファレンス」は、用語の意味が不明瞭と感じられた際に、その都度参照していただければと思います。

なお、特別付録として「断易早見シート」を添付しました。納爻表、生剋合冲表など、占断に必要な資料を一つのシートにまとめています。これがあれば、いちいち本書をめくりながら占断をする必要はありませんので、是非ご活用ください。

上巻は第二十四章で終了しましたので、本巻では、続いて第二十五章から始めていきます。

雪之静

断易入門講座　下【虎の巻】　目次

第二十五章　用神の選定方法

＊用神選定の基本概念

用神は出来るだけ巻末の【用神分類】から探して選定しますが、クライアントの相談内容によっては、稀にマッチしないケースがあります。その場合には、用神分類の基本の考え方から占者は類推することになります。

＊用神を類推する考え方

・父母爻……自分を擁護し、与えて庇《かば》うという意味から拡大解釈をします。
・官鬼爻……自分を拘束し威圧し、害を与えるという意味から拡大解釈をします。
・兄弟爻……自分と利害を同じにするという意味から拡大解釈をします。
・妻才爻……自分が使用し、利潤を得るという意味から拡大解釈をします。
・子孫爻……自分を穏やかに安泰にさせるという意味から拡大解釈をします。
・応　爻……知人、友人、他人、あの人、あの場所、知らない相手、用神の定まらない漠然としたもの、他。

次に復習を兼ねて、用神選定の考え方やポイントについて説明していきたいと思います。

＊用神選定の考え方

断易では、占いの中心となる事柄、状況を把握して主体とし、それを用神という役目に捉えて占断していきますが、占者はクライアントの相談内容を整理し、ポイントとなる物事をよく理解して、六親五類によって用神分類されている内容から用神を決定していきます。

占断に少し慣れてきた頃によく悩まされるのが、この用神の決定です。我（自己）を中心として五類（兄弟爻・子孫爻・妻財爻・官鬼爻・父母爻）を用神として考えていきますが、それぞれの基本は上巻でも説明しましたように、我を生じてくれるのが父母爻、我が生ずるのが子孫爻、我と対抗し同等であることを表すのが兄弟爻、我を剋するものが官鬼爻、我が剋するものが妻才爻、というような各役目によって六親五類が形成されています。

すでに用神分類がなされている内容に該当する事物があれば、それを活用して六親五類の一つを選べば良いのですが、用神分類の内容にない場合には、前頁「**＊用神を類推する考え方**」で示しましたように、用神となるべき内容をよく考えて類推し、基本的な考え方からの用神を決定していくことになります。

また、相談の内容が複雑であったならば、その相談内容には二つの用神が考えられる場合もあることを考慮しながら用神選定をしていきます。基本は一占に対して用神は一つと決まっていますが、内容から複数の用神が考えられる場合には分占して占断していきます。

占ずる前には、必ず用神を何にするのかは決定しておかなければなりません。得卦してから、急遽用神を変更するということは出来ません。既に決定した用神で占者が得卦したわけですから、その得卦した後に用神を急に変えると言うことは、占事の判断及び占断を中途半端な迷いの卦にしてしまう可能性があるからです。

＊六親五類を用神にする場合の考え方・ポイントについて

・例えば兄弟爻について

兄弟爻は自分と利害を同じにするという意味から用神分類がなされています。事物としては「兄弟」、「同僚」、「ライバル」、「同輩」などがあります。

お金の問題を見る場合、その占的（質問内容）によっては、兄弟爻には「損失」、「破財」、「出費」といった意味がありますので、用神を兄弟爻で取った方が良いのではないかと迷うことがあります。ところが金銭の問題となると、その殆どが求財になりますので、損失の相談を含めて、金銭に関する質問では妻才爻を用神に取る場合が多くなります。

クライアントからの質問が、損失のみの内容であったならば、用神を兄弟爻に取ることもあります。例えば、損失が多いのか少ないのかといった、はっきりした内容の相談でしたら、兄弟爻を用神にします。兄弟爻は妻才爻が用神となった場合には、必ず忌神の役目をしますので、妻才爻を用神で取れば、忌神となる兄弟爻も一緒に判断できることになります。つまり、兄弟爻を用神で取るよりも、妻才爻で用神を取った方が、同時に兄弟爻の判断も見れますので、合理的に判断することが出来るのです。

「応期断法」

占断が出たとき、「それはいつ頃ですか」という質問をよく受けることがあります。特に金銭問題で急を要する場合には、いつそれが終結するのか、または事態が変化するのはいつか、といった応期（時期）を訊かれることが多いのです。これを「応期断法」と言いました。この理論は上巻で既に説明しています。

※「応期断法」については、後の頁で再度取り上げて復習も兼ねて説明したいと思いますが、忘れてしまった方はもう一度上巻を読んで復習しておいて下さい。

・例えば妻才爻について

妻才爻は自分が使用し利潤を得る、という意味の拡大解釈から用神分類がなされていますが、妻才爻は文字通り、占的では「財運」に関係することで用神を取ることが多くなります。それは、世間一般の一番の悩みが金銭に関連することが多い、ということでもあります。

また、妻才爻は女性を表しますので、女性に関する物に関しても用神を取ることがあります。女性が使用する物ということで用神にする場合には、価格の高いものは妻才爻で用神を取り、価格の安い雑貨的な品物であれば、父母爻で取ります。

・例えば父母爻について

父母爻は、自分を擁護して与えてくれるという意味の拡大解釈から、その用神と成り得る内容を類推します。

普段使いの日用雑貨なども父母爻を用神として取りますが、土地や建物を見るときにも父母爻が用神となります。このように、家の問題は「家相占」といって父母爻を用神に取りますが、それは大抵、家の大きさや外観などのみで判断する場合です。外観が良くて立派でも欠陥住宅であったりすると困りますので、家相占の殆どは、外観だけではなく、その家に転宅してどうか、または購入してどうか、といったことに踏み込んで身命占的に見る場合もあります。

・例えば官鬼爻について

官鬼爻は、自分を拘束し威圧して害を与えるもの、という意味の拡大解釈からの用神分類がなされています。女性からの恋愛相談で、相手の男性のことを見る場合の用神は、官鬼爻で取ります。古来、女性にとって男性とは、自分を拘束・威圧し害を与える存在という認識だったのでしょうか。それに対して、男性からの恋愛相談の場合は、相手の女性は妻才爻で見ていきます。

会社のことを見る場合には、やはり自分を拘束するという観点から、用神は官鬼爻になりますし、病気一般のことを見る場合には、「災い」として、官鬼爻を用神として取ります。

※相談者・本人（世爻）にとっての災いは、全て官鬼爻を用神とします。そういう意味では、用神としての使用範囲が広くなります。

・例えば子孫爻について

子孫爻は、自分から生ずるという、自分を穏やかに安泰にさせて癒してくれる、というような意味からの拡大解釈で用神を取ります。自分にとっては良い星になります。

そういう意味から、病気を治す「医者占」では、子孫爻を用神として取ります。他には「子供」、「孫」、「神官」、「弟子」、「お酒」などの内容がありますが、各種相談においては、病気、子供などのことを見るための用神として取ることが多いようです。医者、薬などの用神を子孫爻で取る場合には、子孫爻は旺相していることが望ましいです。

次章では、用神両現を中心とした基本的な用神の選定についての整理をしてみましたので、復習も兼ねて確認していって下さい。

第二十六章　用神両現

＊用神・原神・忌神の決定

各神の決め方は、用神が決定した十二支の五行から、五行の生ずる反対の左廻りに決めていくということでした（上巻参照）。

・例えば用神が丑（土）でしたら、（土）から順に左廻りの（火）が原神となり、忌神は（木）の支となります。

断易は、日月の五行から用神、原神、忌神の各支（五行）への作用による力の強弱によって判断していくことで吉凶を占断するものですが、日月から生剋合冲があるのかないのか、または特殊作用による好悪を帯びているのかいないのか、といった特徴のある爻を三神として取り上げることで、占断の吉凶がはっきりしていくものでもあります。

今まで取り上げてきた理論では、各神は一つで見ていくということでしたが、二つの神で同時に見ていくこともあります。これを「両現」と言います。

【復習①】十二支での五行相互作用について

・十二支の陰陽表

陽	陰
子	丑
寅	卯
辰	巳
午	未
申	酉
戌	亥

断易では占術する月日を重要視しますが、特に日辰（日）の影響が大きいので、日辰からの作用がとても大事になってきます。月建（月）と日辰（日）の支から、基本となる用神、原神、忌神という三神が生じられたり、剋されたり、合・冲されたりすることの強弱で占断を行います。

＊基本的な強弱について

①相生の関係

生じられる場合には、生じた支は何の影響もありません。

五行の基本形である木↓火↓土↓金↓水↓木の循環で生じる形となります。木は火を生じ、火は土を生じるという具合です。

②相剋の関係

五行の基本形のまま、木↓土↓水↓火↓金↓木と、矢印の線を引いていけば、☆の形状となり、一目瞭然で分かり易いかと思います。剋されれば、日辰より休囚の場合でも、更に弱くなっていきます。

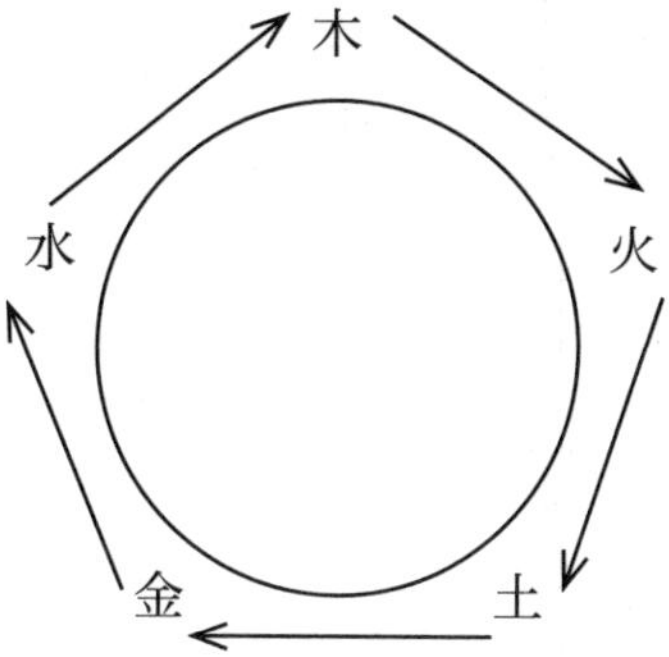

相生の関係

相剋の関係

③比和の関係

五行のエレメントが同じものを持つことを「比和」と言います。また、同じ五行のエレメントで「併起」する場合もあります。「併起」とは、たとえば、日辰に子（水）が帯類していた場合に、用神その他の神に同じ十二支の子がある場合のことですが、これを「日併」と言います。土のエレメントの支は四つ（辰・未・戌・丑）ありますが、この中の関係でいえば、「併起」と「比和」と「冲」があります。土の支が四つもありますので、土のエレメントのつく日には、色々な作用の出る可能性があると言うことになります。

④月建と日辰ほか、五行の作用の基本

力の出方は、相生されると強くなり、剋されると弱くなり、併起、比和されると強くなります。相生、相剋、併起、比和、合・冲などをする方の支は何の影響も出ませんが、される方の支には力が加わったり弱くなったりします。この力の加減については、最初は戸惑うかもしれませんが、慣れてくればさほど難しくはありません。

静爻での合には、旺相する「合起」の作用がありました。静爻での旺相の順位を示しますと、一番強力な「併起」から順に「比和」、「合起」、「生」へと力が弱くなっていきます（動爻での合である「合住」は、途中で止まってしまう、というイメージで、旺相しません）。

＊基本的な用神の選定について

用神と成り得る爻が二つ出現した場合には、

①静爻と動爻があれば、原則的には動爻を用神とします。

②日、月と同じ十二支である爻を優先的に用神とします。

③日、月より合、冲の作用のある爻を優先的に用神とします。

④一方が休囚しており、他方が旺相している場合には、旺相している方を用神とします。

⑤世爻、または卦身を帯びている爻があれば、優先的に用神とします。
⑥どちらかが、世爻、もしくは卦身を帯びていたならば、世爻を帯びている方を優先して用神とします。
⑦いずれも日、月と同じ十二支を帯びる爻があれば、特に日辰より日併、比和をしている爻を用神として優先します。

その他、
⑧伏神している場合にも用神として取ります。用神が伏神しているのでもう一度やり直す、といった再占はしません。
⑨用神を二つ取り上げて用神両現とする場合があります。
原神、忌神、仇神においても同様です。その場合の表現として、原神両現、忌神両現、仇神両現といった表記をします。

＊原神・忌神の取り方

最初に用神が決定すれば、出来るだけ用神の近くにある爻を優先的に原神、忌神として選定していきますが、両現した場合には、先述した用神選定の基本概念に準じて同じく選定していきます。

＊用神両現について

原則として用神を決める場合には、静爻と動爻の二つの爻の候補が出現すれば、静爻を捨てて動爻を取りますが、用神と成り得る二つの爻の両者が動爻である場合には、用神が二つ出現したとして両方の用神を見ていくことがあります。これを用神両現と言います（前頁⑨）。原神、忌神についても同様です。両現の取り方は、占題の中で解説していきます。

＊各神の両現の選定について

①動爻と動爻の二つの動く爻で両現とする場合
・一方が休囚し他方が旺相する
　例　一方が回頭生で他方が回頭剋する
　　一方が月建から旺相し、他方は休囚する
　　一方が日辰より旺相し、他方は休囚や冲散する
　　一方が特殊作用を帯び、他方が旺相する

②静爻と静爻の二つ爻で両現とする場合
・一方が休囚し他方が旺相する

例　一方が月建から旺相し、他方は休囚する
　　一方が日辰より旺相し、他方は休囚や冲散する

③動爻と静爻の二つの爻で両現とする場合
・動爻が休囚し静爻が旺相する
例　動爻が休囚や冲散し、静爻が冲起暗動する
　　動爻が特殊作用を帯び、静爻が合起や冲起暗動する

このように両現として取り扱う場合の特徴として、同じ動爻同士であれ、静爻同士、または静爻と動爻であっても、どちらか一方が日月からの力を持ち、他方には力がないというように、日月からの作用でその両爻の力が真逆となる場合に両現として取り扱うことがあります。

先ずは、三神が受ける日月からの作用を、明確に判断出来なければなりませんが、得卦した後に、即時三神となる爻の全てを見て、両現となる可能性のある爻の作用を見極めて決定していきます。

最初からこのように判断していくことは大変だと思いますので、得卦した六爻で、三神となる五行に二つの爻があれば、取り敢えず両方の作用を見ていくようにしましょう。

＊用神選定の注意点・まとめ

①質問の内容が複雑である場合には、重複する質問や、分占になる問題が同時に入っていないかどうかを、占者はよく見極めて問題のポイントを絞ります。

②身命占（自己占）以外のことを目的占と言います。目的占では必ず世爻の動きも見ていきます。目的占の場合も、占的一つに用神は一つで見ていきますが、同時に関連する内容がある場合には、新たに別占による用神を選択、選定して再占します。

③基本的に一占には用神は一つと決まっていますが、実際の現場では、社会の複雑さを考え合わせると、それが目的占であっても身命占的に見ていくということも必要な場合もあります。得卦した卦の中で複数の用神を立てて、同時に見ていく占的は、身命占（自己占）、年筮、天候占があります。

④占者は、クライアントの欲する質問内容をうまく整理して、その問題の主体となる用神の選定を迷わず判断出来るように、日頃より色々な占例を蓄積し研究することが大切です。

第二十七章　身命占（自己占）の占断方法・まとめ

身命占の占断方法を次に整理してみましたので、参考にして実占に役立てて下さい。先ずはご自分で出来る身命占（自己占）を増やすことが、断易に慣れる一番の方法です。

＊身命占の見方

・日辰に、六親五類の何を帯類しているのかを見ること。
・卦身に、六親五類の何を持っているのかを見ること。
・裏卦身に、六親五類の何を持っているのかを見ること。
・伏している場合、何に伏しているのかを見ること。
・世爻は、静爻か動爻のどちらになっているのかを見ること。
・世爻には、六親五類の何がついているのかを見ること。
・動爻であったならば、他の爻に対する爻冲、爻合の有無を見ていくこと。
・爻冲、爻合は最後に見て、関連性としての判断の目安にしていくこと。

＊身命占・ポイント

上巻においては、身命占（自己占）の場合、世爻だけを用神に取って見ていきましたが、実占での身命占では、金銭運、健康運、恋愛運などを、得卦した卦の中からそれぞれの用神を選定して同時に判断しながら総合的に見ていくことになります。占的の中では一番難しい占題ともいえます。

【復習2】問題・身命占（自己占）

次に身命占での占題を例題にしていますので、前頁「**※身命占の見方**」を参考にしながら、トライしてみて下さい。

・十二支の五行は何になるのかはご自分で考えてみて下さい。

《例題二》用神は世爻で見ていきますが、健康運は同時に官鬼爻にも用神を取って見ていきます。

占的　明日の運勢（健康運も見る）

甲寅月（　）　戊子日（　）　空亡（午未）　本卦（地雷復）　之卦（山雷頤）　50→39

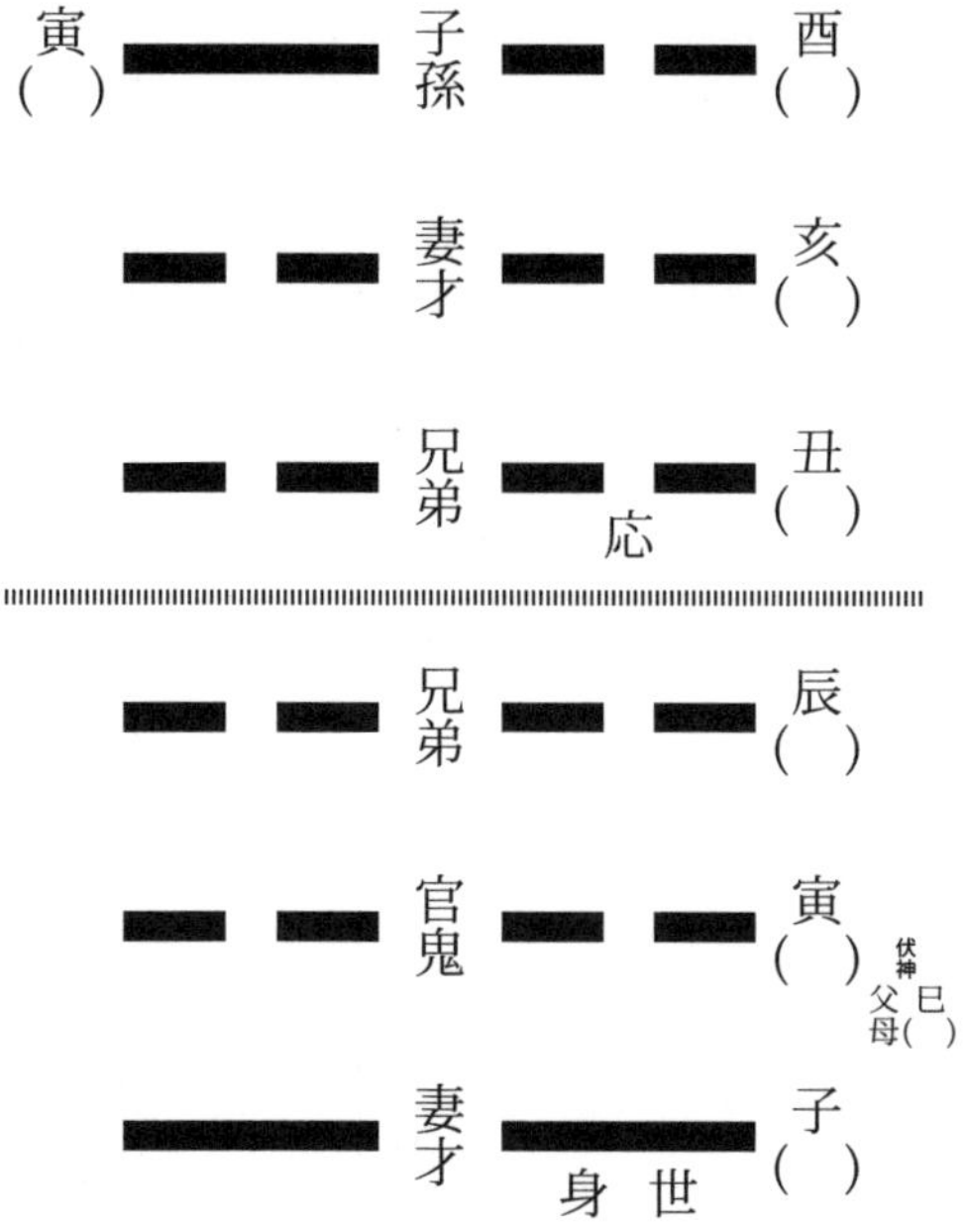

・問題1　各十二支をカッコの中に書き入れて下さい。

・問題2　用神を世爻でとる場合と、官鬼爻でとる場合に分けて、日月からの作用を書いて下さい。

・用神・世爻

各神	各神の位置	月建からの作用	日辰からの作用	その他の作用
○用神				
△原神				
□忌神				

・用神・官鬼爻

各神	各神の位置	月建からの作用	日辰からの作用	その他の作用
○用神				
△原神				
□忌神				

《例題一》

占的　明日の運勢（健康運も見る）

甲寅月　戊子日　空亡（午未）

木　水

本卦（地雷復）　之卦（山雷頤）　50→39

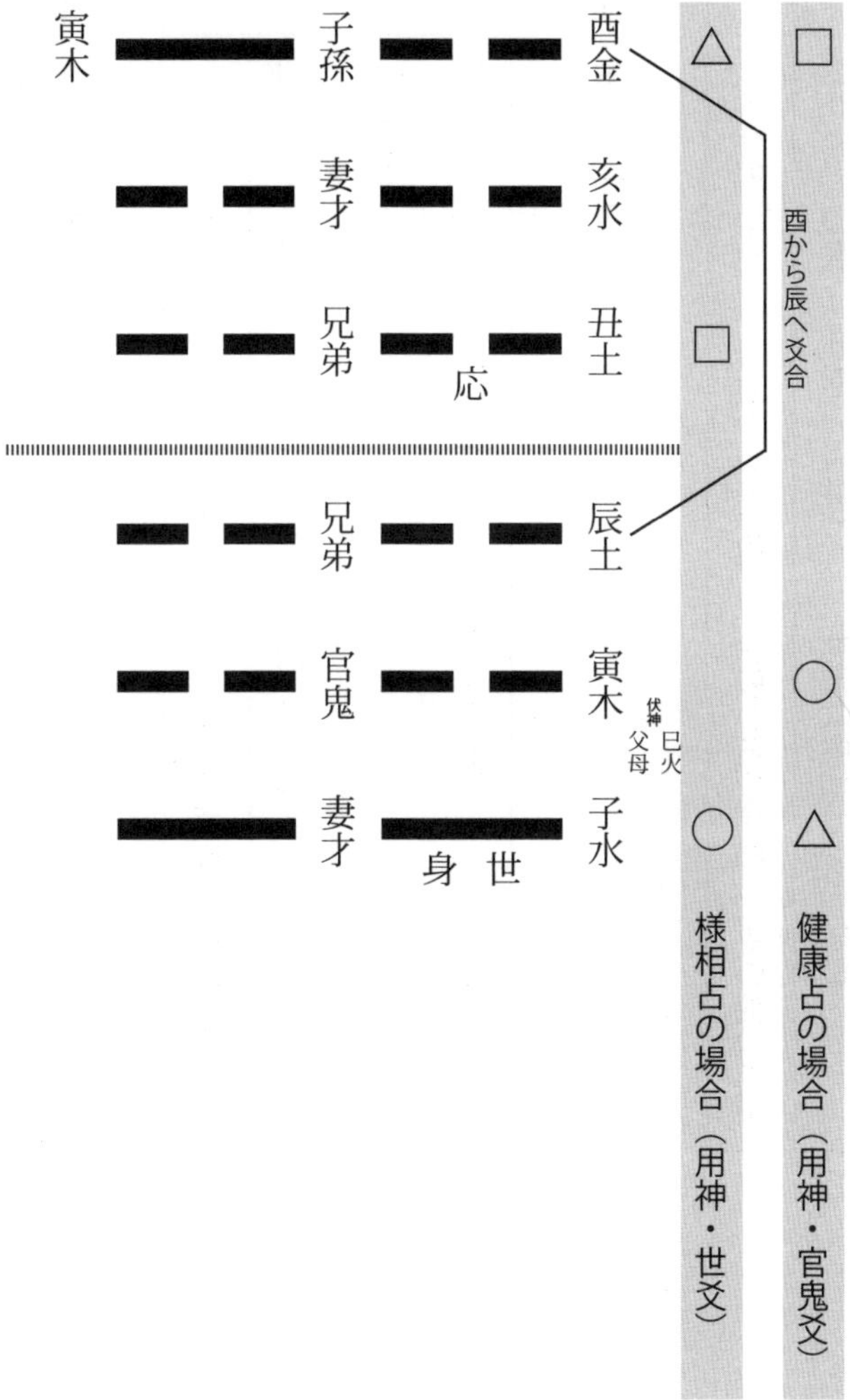

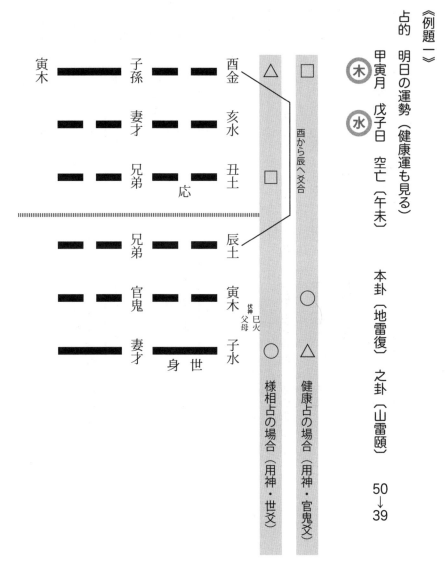

★様相占　用神（世爻）

各神	各神の位置	月建からの作用	日辰からの作用	その他の作用
○用神	初爻の才の子	休囚	旺相（日併）	なし
△原神	上爻の孫の酉	休囚	休囚	なし
□忌神	四爻の兄の丑	休囚・剋	合（合起）	なし

★健康運　用神（官鬼爻）

各神	各神の位置	月建からの作用	日辰からの作用	その他の作用
○用神	二爻の官の寅	旺相（月併）	旺相（生）	なし
△原神	初爻の才の子	休囚	旺相（日併）	なし
□忌神	上爻の孫の酉	休囚	休囚	なし

占断

得卦した上爻で一爻変化しました。一爻だけ動いていますので「独発」した、という言い方をします。特徴のある爻が出たことは神機があるとして、この上爻をよく見る必要があります。この身命占では、世爻を用神にして明日の様子伺い（「様相占」と言います）を、官鬼爻を用神にして健康運を見ていきます。

◎様相占

・用神（世爻）

初爻の世爻の子は妻才爻を持って、月建からは休囚しますが、日併し旺相します。原神の上爻の孫の酉は動いて勢いはあるのですが、日月より休囚して力がありません。忌神となる（土）は、三爻の兄弟爻の辰と四爻の兄弟爻の丑が両現していますが、四爻の丑が日辰の子と合の関係になりますので、四爻の兄弟爻の方を忌神に取ります。

用神の世爻に妻才爻がつき、日辰にも同じ支の子がついて日併するのは、身命占で言えば吉となりますが、原神が日月より弱く用神を支えることが出来ないのは凶象です。四爻の丑の忌神は日辰より合起しますので、この力で用神を潰しにかかりますが、用神の日併の作用の方が忌神の合起より若干力が上回ると判断します。

日辰に用神と同じ子を帯類しているということは、世爻が大いに助けられると言うことです。三神（用神・原神・忌神）が共に月建から弱い場合には、日辰からの作用をよく見て三神の力を判断していきます。

◎健康運

・用神（官鬼爻）

用神である二爻の官鬼爻の寅は、月併して日辰より生じられて旺相します。原神は初爻の妻才爻の子で日併し用神を支えます。忌神は動いている子孫爻の酉ですが、日月から休囚して弱く、全く用神を潰せません。

健康運では官鬼爻が旺相するのは凶として見ます。病気を災いとして見ますので、その力が強いのは良くありません。そして、原神が日併して強いということは、原神には継続性という意味があるので、この具合の悪さが続くということです。

また、忌神の子孫爻の酉が動いて、三爻の兄弟爻の辰と爻合します（第三十章参照）。兄弟爻は日月からは弱くなっていますが、関連性として見ていきます。兄弟爻には落ち着かずイライラするという意味がありますので、その兄弟爻が忌神から爻合されるというのは、その精神的な面が続くというようにも読み取れます。

また、世爻には妻才爻がつき、日辰にも同じ妻才爻が帯類して強いので、妻才爻の用神分類に見られるように、「食べ物」にも気を付けた方が良いのではないでしょうか。体調に注意を要する一日だと判断します。

妻才爻が強いということは、財運はあるのですが、官鬼爻が旺相していては健康運が良くないので、凶と占断しました。しかし、例えば明日の仕事に関する事柄としての財運を重要視して見るのであれば、妻才爻が旺相し官鬼爻も強いのは、吉の占断になります。

※「明日の運勢」で見ていく場合、仕事運、健康運、恋愛運というように、一占の中で、それぞれを総合的に見て吉凶の占断をしていきます。世爻を用神に取って、日月からの強弱の判断で運勢を見ていくだけでは、確実な占断はできません。先ずは相談者の欲する事柄に着目しながら、総合的に「明日の運勢」を占断していかなければならないことに留意して下さい。

第二十八章　卦身法（卦身・裏卦身）

卦身についてはすでに上巻で説明済みですが、卦身の形態を次のようにまとめてみました。この卦身、裏卦身の配置に関しましては、二一六頁を参照して下さい。

卦身、裏卦身は世爻の分身として取り扱いますので、日月より生剋合冲しますし、また応期断法としても活用します。卦身、裏卦身が爻冲、爻合することもありますが、その際での占断は世爻と同じ扱いとなります。爻冲、爻合については、第三十章に譲ります。

＊卦身の形態

①本爻に卦身が付く場合

・世爻に卦身が付く（風天小畜34・離為火41・地雷復50）

・応爻に卦身が付く（天風姤2・沢火革13・雷地予26・山風蠱40・風水渙46）

・卦身が二つ付く（地風升29・地沢臨51・沢地萃59）

・世爻・応爻以外の爻に卦身が付く（天地否4など20種類の卦）

②本爻に卦身が付かない場合

【例】本卦　地水師

納支	爻	六親	世応
酉金	▬ ▬	父母	応
亥水	▬ ▬	兄弟	
丑土	▬ ▬	官鬼	
午火	▬ ▬	妻才	世
辰土	▬▬▬	官鬼	
寅木	▬ ▬	子孫	

裏卦身　申金　父母

本卦で地水師を得卦した場合に、卦身が卦中に明現せずに「裏卦身　父申」として爻図の下部に表記させます。

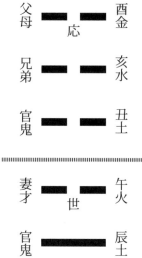

この「裏卦身　父申」は図のように爻図の下に別途表記しますが、卦の中に表記出来ませんので、用神、他の神の三神としては選定しません。但し、本爻の支からの関連性として、日月から受けた力加減の判断をすることがあります。作用としては、裏卦身は静爻として機能しますので、当然「空亡」もあります。

卦身は爻の表に明現しますので用神として取り扱います。また、伏しているものに卦身が付く場合（山

（②沢損20・雷風恒28・山雷頤39・山水蒙45・雷山小過63）にも用神として取り扱いますが、表に出ない場合（②本爻に卦身が付かない場合）には、その支の該当する十二支・五行が卦中の六爻に無く、裏卦身となるので、用神としては取り扱いません。その場合には応期断法の作用として支を扱う場合があります。

※卦身、または裏卦身が他爻より爻冲、爻合される場合がありますが、その場合には明現している他爻と同じように関連性として見ていきます。

第二十九章　質問コーナー

①占う時間

Q：占う時間についてですが、断易の場合、日付は何時が基準になっていますか。例えば二十四時五分はどうなりますか。夜の二十四時までの何時頃までに占う方が良いですか。時間の制限はありますか。また、占ってはいけない時間帯とかはありますか。

A：断易を占事る日付ですが、二十四時を過ぎると次の日になりますので、暦もそのように使用して下さい。占断するにあたっての制限時間や、占ってはいけない時間帯は特にありませんが、筆者の場合は入浴した後は何もしないことに決めています。あと私見ですが、夜中の二時とか三時は、魑魅魍魎が動き出す時間なので、あまり良くないと思います。ご自分で占術する時間帯や制限するルールなども、最初に決めておくのは良いことだと思います。

②占事の有効期限

Q：断易で占った結果などは、どの位の期間まで有効ですか。また何か決まり事はありますか。

A：断易は卜占になりますので、一占しましたら、半年間は同じ内容での占題はしないということになっています。そして占断した場合の結果は半年間が有効となっています。しかし、占断した内容に何か変化が起きた場合には、半年以内でも新たに一占して占断できますので、そのように対応して下さい。昨今の世の中の移り変わりは激しいのです。また、断易には年筮という占題もあります。その場合には一年間がどのような年回りとなるのかということで占断していきますので、その年の一年間が有効となります（占った日から一年間ではありません）。

※年筮法については、第三十七章で説明したいと思います。

③占う時のアクシデント

Q：立筮する時に、八面体のサイコロの一つがテーブルから落下したことがあるのですが、その場合にはどのように対処すれば良いですか。

A：そのような場合には、下に落ちて転がった八面体の目を見て頂いて結構です。それで得卦して下さい。

④得卦の読み間違い

Q：得卦した卦を間違って読んで占断してしまった場合には、もう一度やり直しても良いのですか。

A：ダメです。間違った卦を見てしまった場合には、そのままで判断していって下さい。すなわち、本来なら沢火革（䷰）であるのに、兌為沢（䷹）と読み間違えた場合は、兌為沢のまま占断を続ける、ということです。釈然としないかもしれませんが、そのような運命だったということです。

⑤引っ越しの吉方位

Q：相談者が家を引っ越ししたいという場合、吉方位はどのように考えますか。

A：相談者の一番望む事柄を訊いて方位を決めます。概ね財運の良い方位とおっしゃる方が多いのですが、財運で方位を決める場合、妻才爻のついた十二支の方位で考えていきます。たとえば、妻才爻に寅がつく場合、東北の方位ということです。引っ越し日でも同じことで、妻才爻の支の日付が転宅に良いと判断します。なお、財運にこだわらない一般的な運勢を相談者が望む場合、子孫爻の方位、日付を選択します（子孫爻には「幸運」の意味合いがあります）。

⑥二者択一の占的

Q：相談者が二者択一の占的を提示してきた場合、一占した中で、世爻と応爻で見ていっても良いですか。

A：ダメです。例えばAとBというような二者択一の相談でしたら、Aで一占してBでも一占します。そして用神を中心にしたそれぞれの神を見て占断し、AとBを比べて吉凶判断をしていきます。目的占の場合でしたら、必ず世爻も見て一緒に判断していきます。

⑦大手飲食チェーン店の占断について

Q：近所にできた大手の飲食チェーン店について占う場合、自由占（質問者が占的の分類を理解していない場合の目的占を「自由占」と言います）、社会占だと思うのですが、用神はどのように取れば良いですか。宜しくお願いします。

A：それは社会占で、用神は応爻になります。詳しくは見ることが出来ませんが、応爻を用神で取れば、どんな様子になっているのかというような事は占断できます。

例えばそのチェーン店の社長から、直に貴方が占術を頼まれた場合でしたら、その得卦した卦中の世爻はその社長になりますので、詳しく見ることが出来ます。

得卦して得られる世爻は、必ずその相談者となることを忘れないようにして下さい。また、身命占を自分で占う場合には、世爻は必ず自分となることを考え合わせて応用していって下さい。

⑧自分の母親の生活状況

Q：離れている母親が、どのように暮らしているのかを占う場合には、用神は父母爻で良いですか？体の具合とかも占いたいのですが……。

A：単なる様子伺い、様態などを判断する場合には、親のことでしたら父母爻が用神となります。体の具合については、本人（親）依頼でしたら、その卦中では官鬼爻が用神となります。自由に占者が占事る場合には、本人（親）依頼ではありませんので、転類法という理論で占断していきます。

※転類法については、第三十八章で説明します。

⑨目的占での世爻判断

Q：用神の考え方について伺います。占的の主体となるという内容で用神を選択していくというのは理解できますが、その場合での世爻の取り扱いはどうなりますか。

A：⑥で説明しましたように、目的占では必ず世爻を日月から判断して見ていきます。世爻（本人）の動きも見るということです。目的占と言うのは、身命占（自己占）以外の占題のことを言います。

⑩回頭生と進神、どちらが強い？

Q：動いている爻が化爻から回頭生になっている場合と、本爻から化爻へ進神している場合でしたら、どちらが強いですか。

A：回頭生の作用は後から来る力で強いのですが、進神も勢いがあって強いといえます。どちらかと言えば、進神の方が回頭生より若干弱い感じです。勢い付いて出せた力だ、というように考えて下さい。

⑪回頭生と回頭剋の作用

Q：回頭生と回頭剋の作用はなんとなく分かりましたが、もう一度説明して頂けますか、宜しくお願いします。

A：回頭生は動いている本爻が、化した支より生じられる場合で、日辰より力を得ている場合には更に強くなります。回頭剋も動いている爻にしかない作用ですが、本爻の支を化した支が剋しますので、回頭生とは真逆の作用になります。

例えば、本爻の支が日併して旺相していた場合に、動いて回頭剋に遭えば、「日辰変壊」と言って、字の如く日辰が壊れる感じで、全くの無力と化します。回頭生は後から加わって力が増していくことを意味しますが、回頭剋は全てを壊してしまう破壊力がありますので、そこが回頭生と回頭剋の違いではないか、と考察します。

⑫資格を取るための占的の用神

Q：資格を取るための占的ですが、用神は何になりますか。

A：資格試験や入試など、試験を受けるという場合には、用神は官鬼爻となります。

とはいえ、「この資格を取って仕事に繋がるか」というような占的の場合には、妻才爻が用神になります。ただ単なる試験でしたら官鬼爻で用神を取りますが、試験にも合格率が高い場合と低い場合があります。

合格率の低い場合には、本人（世爻）と用神である官鬼爻との関連性も見ていく必要があります。合格率の低い資格試験などの占的では、それこそ狭く狭く取って判断していくことで、的中率が高くなります。

⑬ 伏神した用神は空亡になるか。

Q：伏神した用神が日辰から合した場合には「合起」だと思いますが、その支が空亡の支である場合には空亡となりますか。また、伏していて身がついている場合で、日辰から合起となっている空亡の支の場合にも空亡となりますか。

A：①伏したものに「合起」はありません。伏していて空亡の「値」になっていれば、空亡となります。②伏に身が付けば「卦身　伏神」で裏卦身として扱いますので、日から合すれば「合起」します。その場合には「合実」と言って「空亡ならず」となりますので、「空亡」の値であっても空亡にはならないということです。

例①　天地否　4

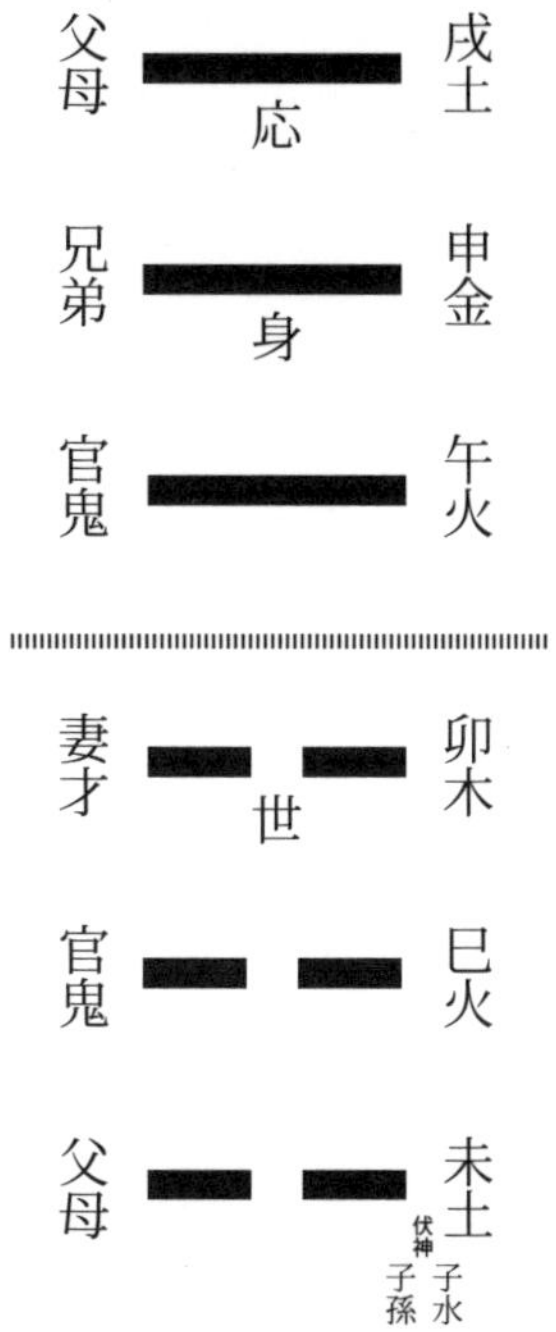

初爻の父母爻の未に伏する子孫爻の子は、単に伏していますが三神として取ります。作用としては「日に出る」以外は休囚になります。

例②　山沢損　20

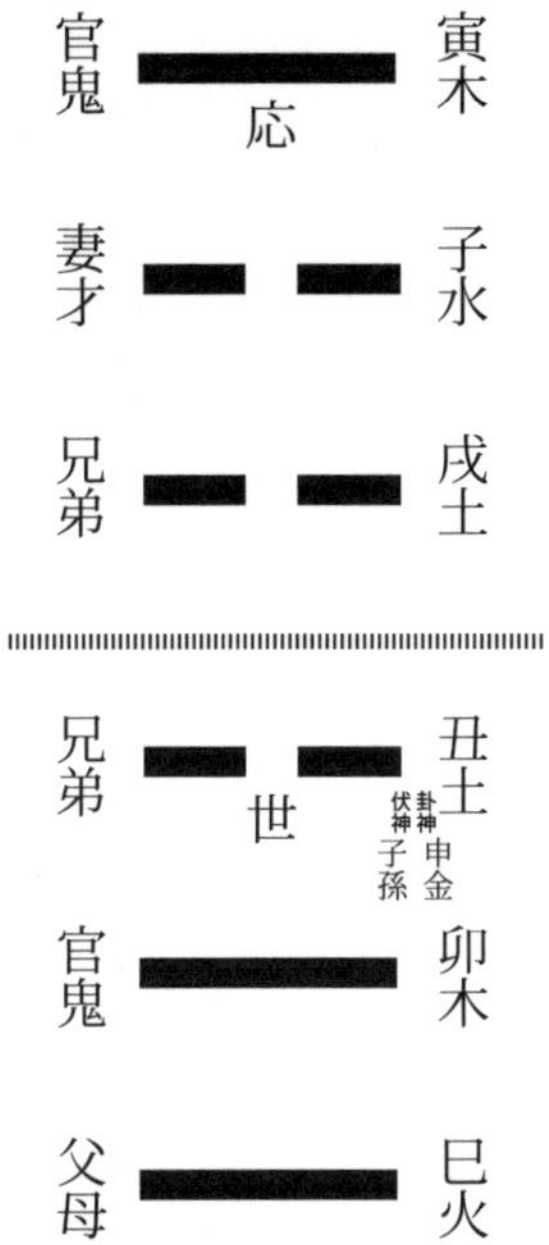

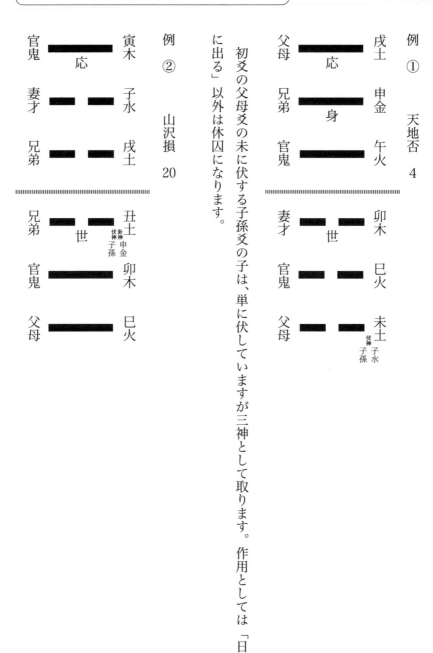

三爻の兄弟爻の丑に伏する子孫爻の申には、卦身が付きますので裏卦身として取り扱います。また、三神としても取ります。静爻としての機能を持ちますので、日月からの作用を受けます。

第三十章　爻冲・爻合

上巻での占題には、爻冲、爻合のあるものもありましたが、上巻での目的は、五行の基本となる作用の解釈、吉凶判断の占断の修得ということにありましたので、爻冲、爻合の詳細は省いていました。この章では改めて、爻から爻へと作用する爻冲、爻合の考え方を説明したいと思います。

爻冲、爻合については、第二十七章（二三頁）でも明記したように、日月からの三神（用神・原神・忌神）への作用などを判断した最後に、爻冲、爻合の有無を確認して、その占的の内容に準じた関連性としての推測及び判断をしていきます。

＊爻冲・爻合のポイント

得卦した卦中で動いている爻があれば、その動爻から他の爻に合したり冲したりすることが出来ます。動いた爻から他の爻に合する場合には「爻合」と言い、また、同じく動く爻から他の爻へ冲する場合には「爻冲」という言い方をします。

※動いている動爻から他の爻へは一回のみの作用となります。

合と冲の十二支での関係は、既に上巻でも説明しましたが、ここでもう一度確認したいと思います。

＊十二支の合・冲について

ね	うし	とら	う	たつ	み	うま	ひつじ	さる	とり	いぬ	い
子	丑	寅	卯	辰	巳	午	未	申	酉	戌	亥
←	←	←	←	←	←	←	←	←	←	←	←
水	土	木	木	土	火	火	土	金	金	土	水

このように、十二支には五行の木・火・土・金・水が付いています。支に何の五行が付いているのかは、そろそろ憶えるようにしましょう。得卦した爻への戸惑いが少なくなり、卦中での作用に敏感になります。

＊合・冲の考え方

合（ごう）とは、お互いに共に協力し合いながら勢いがあることを言い、

冲（ちゅう）とは、お互いに対立し阻害し合う関係のことを言いました。

※冲は別名、衝（しょう）とも言います。

〔十二支での合・冲の組み合わせ〕

合の関係

午—未
巳—申
辰—酉
卯—戌
寅—亥
丑—子

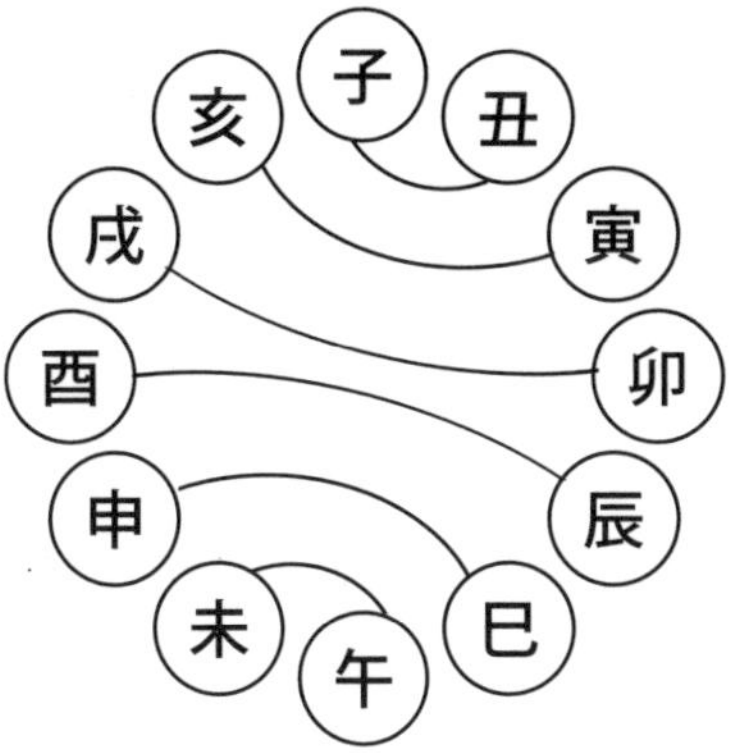

冲の関係

巳—亥
辰—戌（朋冲）
卯—酉
寅—申
丑—未（朋冲）
子—午

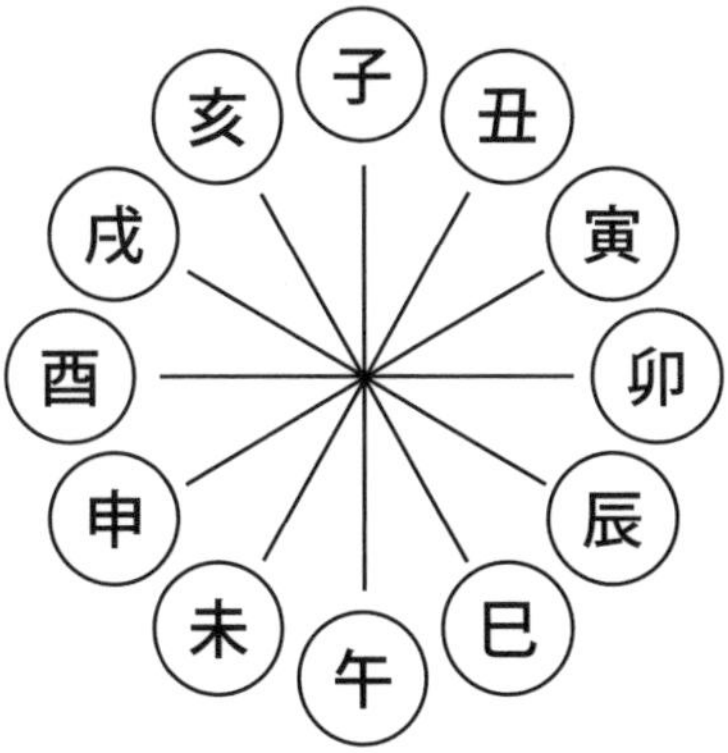

*爻冲・爻合について

爻冲、爻合の作用は動いている爻からしか出来ない作用なので、先ずは動いている爻を探せば良いのです。見ればすぐに分かる簡単な作用ですが、説明だけでは理解しにくいかもしれませんので、例題を

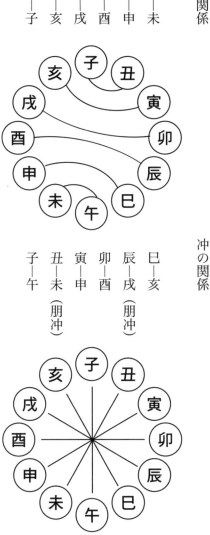

一緒に復習しながら解説に入りたいと思います。

①爻冲のある例題

上巻で爻冲や爻合などがあった占題を再度、例に挙げて再考していきます。各例題での吉凶判断は上巻での解釈と同じですが、爻冲、爻合が入った解説となります。新たに書き加えた言葉によって、上巻のそれとは多少のニュアンスの違いも見られるかもしれませんが、総合的な判断は同じになります。

★上巻（占題十七）再掲（回頭剋・爻冲）……用神から忌神へ爻冲

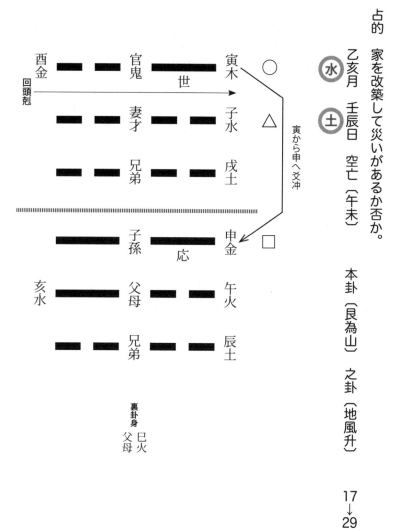

占的　家を改築して災いがあるか否か。

乙亥月　壬辰日　空亡（午未）　本卦（艮為山）　之卦（地風升）　17→29

水　土

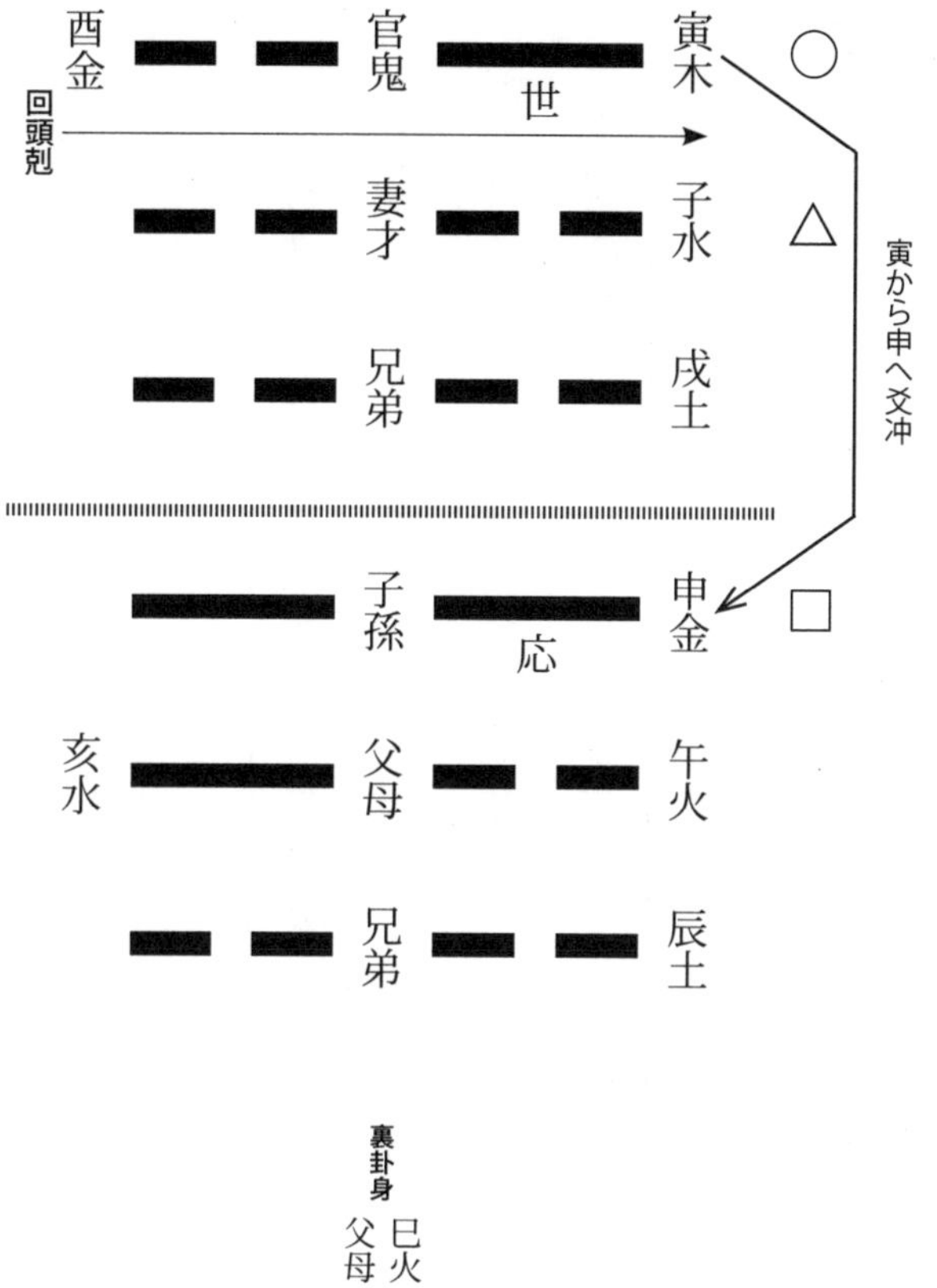

用神は（官鬼爻）

家を改築して災いがあるかなので、官鬼爻で見ます。

各神	各神の位置	月建からの作用	日辰からの作用	その他の作用
○用神	上爻の官の寅	合（月合）	休囚	回頭剋
△原神	五爻の才の子	旺相（比和）	休囚・剋	なし
□忌神	三爻の孫の申	休囚	旺相（生）	なし

占断

用神の官鬼爻を災いとして見る場合には、用神が弱く、原神も弱く、忌神が動いて力の強い場合を吉として判断します。この占題の場合、用神、原神が共に弱く、忌神がある程度の力があるのは吉象として捉えます。但し官鬼爻に世爻が付くのは災いが常に自分に付いているようなものなので良くはありませんが、官鬼爻自体は、日辰からの作用が弱いので、大事には至らないと判断されるものの、気を付けることに越したことはありません。

用神、原神、忌神を日月からの作用で見ていく、という占断だけでも十分に吉凶判断が出来ますが、それに加えて最後に爻冲、爻合があるかないかを確認します。

爻冲・爻合の作用の基本は、動いている爻からしか出来ないので、間違わないようにして下さい。たまに勘違いをして、動いていない静爻から取ったりする事がありますが、静爻から爻の合冲は出来ません。

この上巻〔占題十七〕で動いている爻は、用神の上爻の官鬼爻の寅と、二爻の父母爻の午になります。この動いている上爻の寅から、初爻の辰、二爻の午、三爻の申、四爻の戌、五爻の子へ、また、二爻の午から、初爻の辰、三爻の申、四爻の戌、五爻の子、上爻の寅へと爻冲・爻合の可能性があるわけですが、三神（用神・原神・忌神）の中では唯一用神の官鬼爻の寅が動きますので、寅から他の爻への爻冲、爻合の有無を探します。

※上爻の官鬼爻の寅（用神）から、三爻の子孫爻の申へ爻冲しているのが分かりますが、二爻の午より優先して考えます。

上爻の官鬼爻の用神の寅には、世爻がついています。世爻に官鬼爻が付いているのは良くありませんが、動いて酉（金）に化しています。他の爻に（金）が付いているのは三爻の（金）の申の子孫爻がありますので、この酉（金）の六親五類は子孫爻だということが分かります。ですから、用神の官鬼爻の寅（木）

が動いて酉（金）の子孫爻に化した、ということになります。この官鬼爻の寅（世爻）が動いて、その官鬼爻を潰す役目の子孫爻に変わるのは吉と捉えます。そして寅は、動いて申へ爻冲します。

☆三神にあたる爻からの爻冲を見る

上爻の官鬼爻の用神の寅が動いて、この官鬼爻を潰す役目の三爻の子孫爻の申（金）へと爻冲するのは更に吉象として考えます。

日月からの三神の力を判断し、他の作用などを見た最後に、爻冲・爻合があれば、その吉凶の判断を深く見ることが出来ます。日月からの力の作用による判断に、新たな判断を加えて吉凶判断することで、もう一歩進んだ見方が出来るのです。上巻〔占題十七〕での吉凶判断を更に明確にするための要素になるといえましょう。

このように最後に爻冲、爻合の有無を調べて、日月からの力の作用による判断に加えて最終の占断をしますが、上巻で既に占断しましたように、同じく吉象となります。

☆三神ではない爻からの爻冲を見る

二爻の父母爻の午も動いていますから、初爻の辰、三爻の申、四爻の戌、五爻の子、上爻の寅に対しての合や冲があるかないかも一応調べます。二爻の午と合するのは未ですが、未はありません。二爻の午と冲するものがあるかと調べますと、五爻に原神となる静爻の妻才爻の子があります。

二爻の父母爻は三神に入っていないので、これをどのように判断するかですが、爻冲、爻合は関連性として考えていくものなので、占的にあるような質問に合致しない六親五類の内容であれば、敢えて関連性として取り上げることもしません。

この占的の場合、「家を改築して災いはあるか否か」なので、二爻の父母爻を用神分類から見ると「家」だと捉えます。この「家」が五爻の妻才爻と爻冲するというのは、父母爻が日月より弱い（月建より休囚・剋、日辰より休囚して回頭剋）ことを考慮すれば、とても古い家、修理しないといけない家というようにも考えられます。この自宅は現在、到底住むことの出来ない状態にあるということではないでしょうか。

今回、このように占断しましたが、実際でのクライアントとの面談では、家の現状なども含めて色々と伺うことも出来ますので、得卦した卦の中に判断の迷う爻合、爻冲がある場合には、クライアントからの情報をうまく掴んで占断していって下さい。

爻冲・爻合のポイント

・占断の最後に関連性として見ていきます。
・動いている爻からのみ、他爻に対して爻冲・爻合が成立します。
・基本としては、三神、世爻との爻冲、爻合の有無を優先して考えていきます。
・最初は、占断の吉凶判断を更に明確にするというふうに、判断の目安にしていきます。

②爻合のある例題

★上巻〔占題四〕再掲（退神・爻合）……用神と忌神の爻合

占的　この薬を服用するが副作用はあるのかどうか。

乙未月　辛亥日　空亡〔寅卯〕　本卦〔水沢節〕　之卦〔地雷復〕　10↓50

土　水

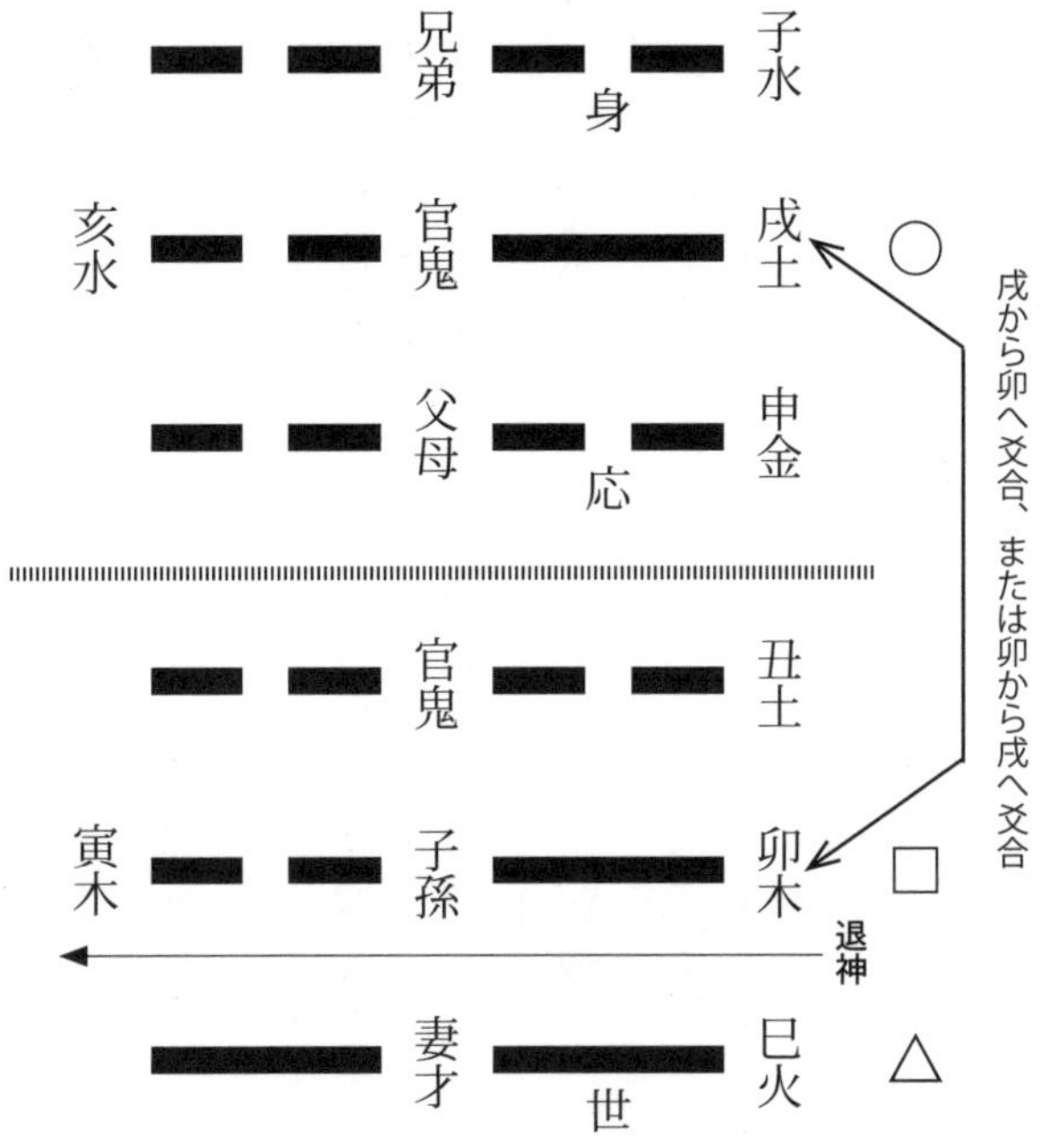

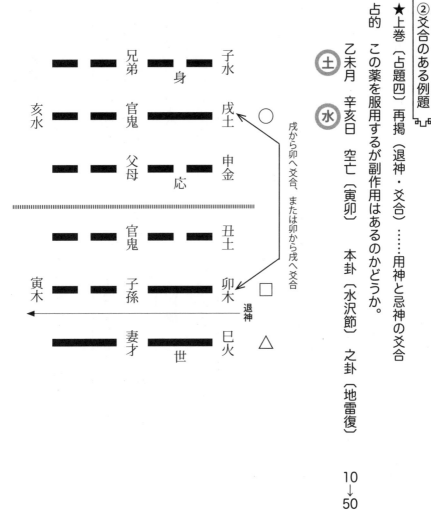

用神は（官鬼爻）

害があるとは我を剋するという考え方になりますので、用神は官鬼爻になります。

各神	各神の位置	月建からの作用	日辰からの作用	その他の作用
○用神	五爻の官の戌	旺相（比和）	休囚	なし
△原神	初爻の才の巳	休囚	冲（冲散）	なし
□忌神	二爻の孫の卯	休囚	旺相（生）	退神

占断

この占題では、用神が官鬼爻で、災いはないかということで見ていきますので、象意として用神と原神が弱い方が吉となりますし、官鬼爻を潰す役目の忌神の子孫爻は強い方が良いと判断します。

用神の官鬼爻の戌は月建より力を得ますが、日辰からは休囚で弱く、用神を支える原神も弱いようです。忌神の子孫爻の卯が動いて日辰より生じられるのは、吉象と捉えます。この忌神は退神となっていますが、全ての力を失うわけではありません。少し力が抜ける感じの判断です。用神は月建より力を得ますが日辰からは弱いので、この忌神が用神の官鬼を威圧するには十分だと判断します。副作用はないと判断しました。

・爻合について

用神の官鬼爻の戌が動いて二爻の忌神の子孫爻の卯と爻合します。

災いの官鬼爻を潰す役目の忌神の子孫爻の卯と爻合することは吉象として考えます。日月からの五行による判断の占断に、この爻合での作用を加えることでなお一層、吉凶判断がはっきりします。

既に五行での判断は出ていますので、吉の目安となる、このような爻合があるということは、最終的な占断をする上で大いに助けになることがあります。

爻合を加えた占断

忌神の子孫爻が日辰より強いのは、副作用を抑える効力があると判断されますが、日辰に兄弟爻を帯類し、上爻の子の兄弟爻（卦身）が日辰より比和するのは、兄弟爻は妻才爻の忌神の役目になり、妻才爻には「食べ物」の意味があるので、少し食欲が落ちる可能性を示唆するものです。吉凶判断としては、用神の官鬼爻が月建より比和していますので、◎ではなく○の吉の判断で、上巻での占断と同じです。

※災いの官鬼爻を潰す役目の忌神の子孫爻の卯と爻合することは吉象とします。

③爻合のある例題

★上巻〔占題十〕再掲（泄気・回頭生・爻合）……用神と原神の爻合

占的　このままカラーコーディネートの勉強を続けて仕事に生かせるか。

甲子月（水）　乙酉日（金）　空亡〔午未〕　本卦〔沢水困〕　之卦〔水沢節〕　58↓10

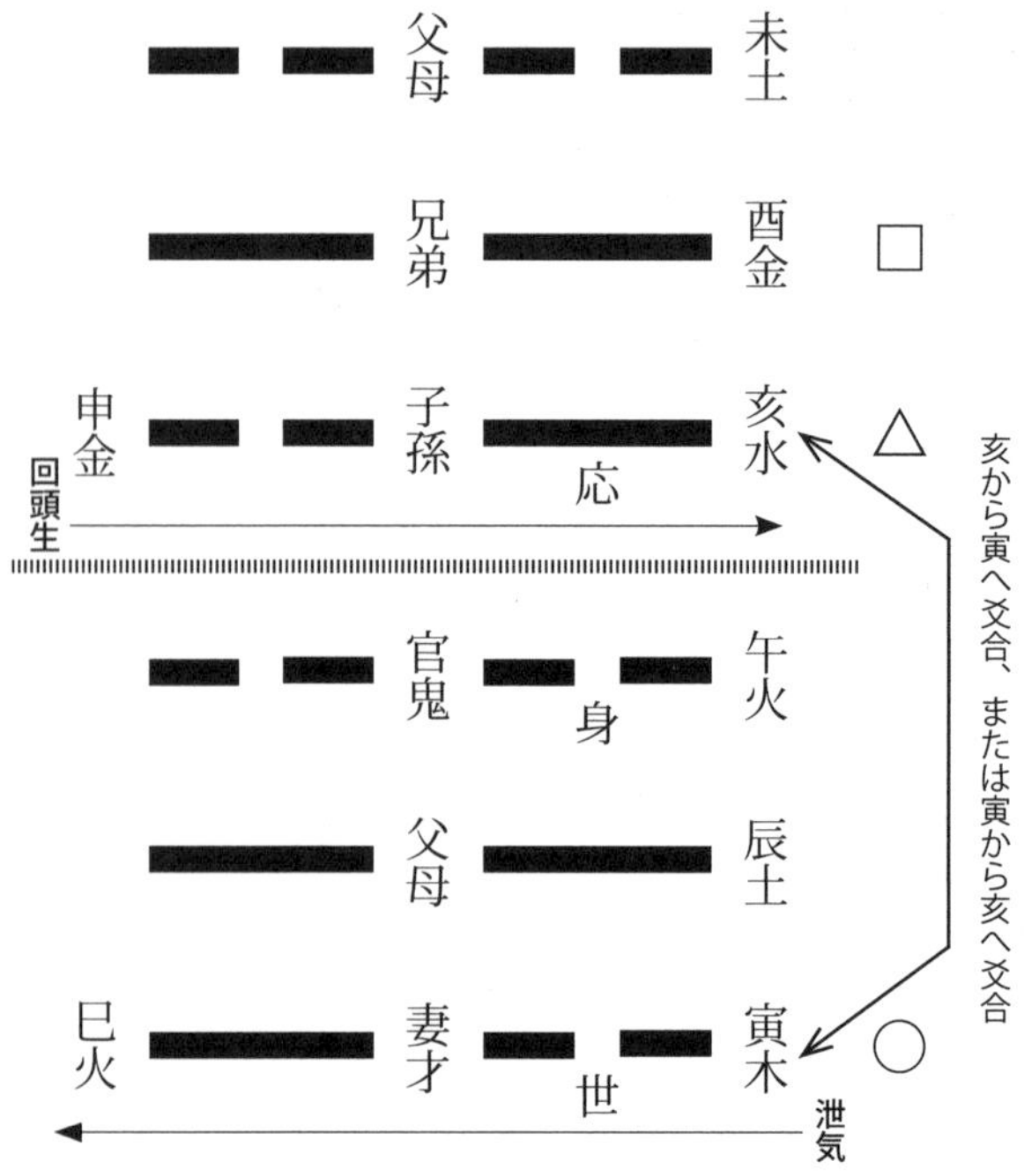

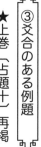

用神は（妻才爻）

仕事に生かすということは財運があるかどうかということなので、妻才爻が用神になります。

各神	各神の位置	月建からの作用	日辰からの作用	その他の作用
○用神	初爻の才の寅	旺相（生）	休囚・剋	泄気
△原神	四爻の孫の亥	旺相（比和）	旺相（生）	回頭生
□忌神	五爻の兄の酉	休囚	旺相（日併）	なし

占断

日辰に酉（金）の兄弟爻が帯類するのは兄弟爻が強くなる可能性があるということです。五類の兄弟爻の意味を考えますと「損失」がある、というようにも捉えられます。用神の妻才爻の寅には世爻が付きますので、世爻（本人）の動きとしても見ていきます。

世爻の寅は月建より生じられ、勉強をし始めた頃は本人もやる気があるのですが、日辰より休囚・剋で泄気していますので、次第にカラーコーディネートにも興味が失せてしまうという可能性も示唆されます。そして用神の寅は動いて、化爻の巳の官鬼爻に変わりますので、官鬼の意味合いを考えますと、この勉強は本人にとって苦労を伴う大変なことだとも捉えられます。原神が強いので、継続してやっていける可能性もありますが、用神が万全の力を持っていませんので、忌神が日辰より強いことを考え合わせますと、困難があると判断しました。

占的が仕事に生かせるかどうかといった内容ですので、仕事に生かすのは財運があるかどうかです。世爻に妻才爻が付き月建より旺相するのは、若干の財運はあると判断されますが、日辰に兄弟爻を帯類し、忌神となる兄弟爻が日併して旺相します。「損失」を表す日辰からの作用を世爻が受けるのは、財運を得る難しさを表すものです。吉凶判断としては凶です。

・爻合について

用神の初爻の妻才爻の寅が動いて原神の四爻の子孫爻の亥と爻合します。

寅と亥の爻合についての関連性をどう読めばよいかは、上巻で問題提起していました。用神の妻才爻の寅には世爻が付き、本人もやる気満々ですが、動いて官鬼爻に変わるのは、その難しさも示唆するものです。継続性を意味する原神の子孫爻の亥と世爻が爻合するのは、何かと楽しく、チャンスも多いということを暗示させられます。勉強は大変だが、楽しくもあり続けられる可能性もあるかと判断されます。

財運には多少の困難があるように判断しますが、本人の努力如何によっては、子孫爻には「チャンス」と言う意味がありますので、子孫爻が旺相して世爻と爻合するのは、財を掴める可能性をも示唆しています。

※用神の妻才爻には世爻が付きますので、用神での妻才爻という財運を見るということと、世爻での動きというものを一緒に見ることになります。用神の才が世爻に付くのは一見良さそうにも見えますが、日辰より妻才爻が弱いのは良くありません。原神が旺相するのは吉象ですし、この原神と用神が爻合するのも吉と考えますが、日辰に兄弟爻が帯類して、忌神の兄弟爻が日併し旺相するのは凶象です。

「日辰を六爻の主宰と為し…」という『千金賦』の言葉に現れているように、日辰は六爻の中心であり、主として絶大な力を持ちます。日辰に兄弟爻を帯類して用神の才が日辰から弱いということは、財運としての凶を示すものです。

次に、占題に入る前に五行の作用の復習をしてみて下さい。すでに理解されている方は、このトレーニングをスキップして次に進んで頂いても結構です。

＊V　トレーニング

〔問題九〕静動爻を考慮して、月建、日辰からの作用を書きなさい。

・例　丙寅月　壬午日　空亡〔申酉〕

月建　日辰

静爻　用神　寅（月併）（休囚）

①　丙寅月　壬午日　空亡〔申酉〕

月建　日辰

静爻　用神　午（　）（　）

動爻　原神　寅（　）（　）

動爻　忌神　亥（　）（　）

②　辛未月　甲子日　空亡〔戌亥〕

月建　日辰

動爻　用神　丑（　　　　）（　　　　）
静爻　原神　午（　　　　）（　　　　）
静爻　忌神　寅（　　　　）（　　　　）

③　甲戌月　甲辰日　空亡〔寅卯〕
月建　　　　日辰
静爻　用神　申（　　　　）（　　　　）
静爻　原神　辰（　　　　）（　　　　）
動爻　忌神　午（　　　　）（　　　　）

④　丙子月　乙未日　空亡〔辰巳〕
月建　　　　日辰
動爻　用神　子（　　　　）（　　　　）
静爻　原神　酉（　　　　）（　　　　）
静爻　忌神　丑（　　　　）（　　　　）

⑤　庚申月　乙酉日　空亡〔午未〕

	月建	日辰
静爻　用神　巳	（　　）	（　　）
動爻　原神　卯	（　　）	（　　）
静爻　忌神　亥	（　　）	（　　）

＊回答は巻末にあります。

〔占題二十二〕

占的　この人を仕事での助手にしたいがどうか。

丙午月　辛丑日　空亡〔辰巳〕　本卦〔兌為沢〕　之卦〔火風鼎〕　57→43

〔ポイント〕

・用神は六親五類の何になるのかを占的から考えて下さい。

・動いている爻については、回頭生、回頭剋、泄気などがないか、よく見て下さい。

・判断の最後に爻冲、爻合の有無を見て下さい。

《占題二十一・占断》

占的　この人を仕事での助手にしたいがどうか。

丙午月　辛丑日　空亡〔辰巳〕　本卦〔兌為沢〕　之卦〔火風鼎〕　57↓43

火　土

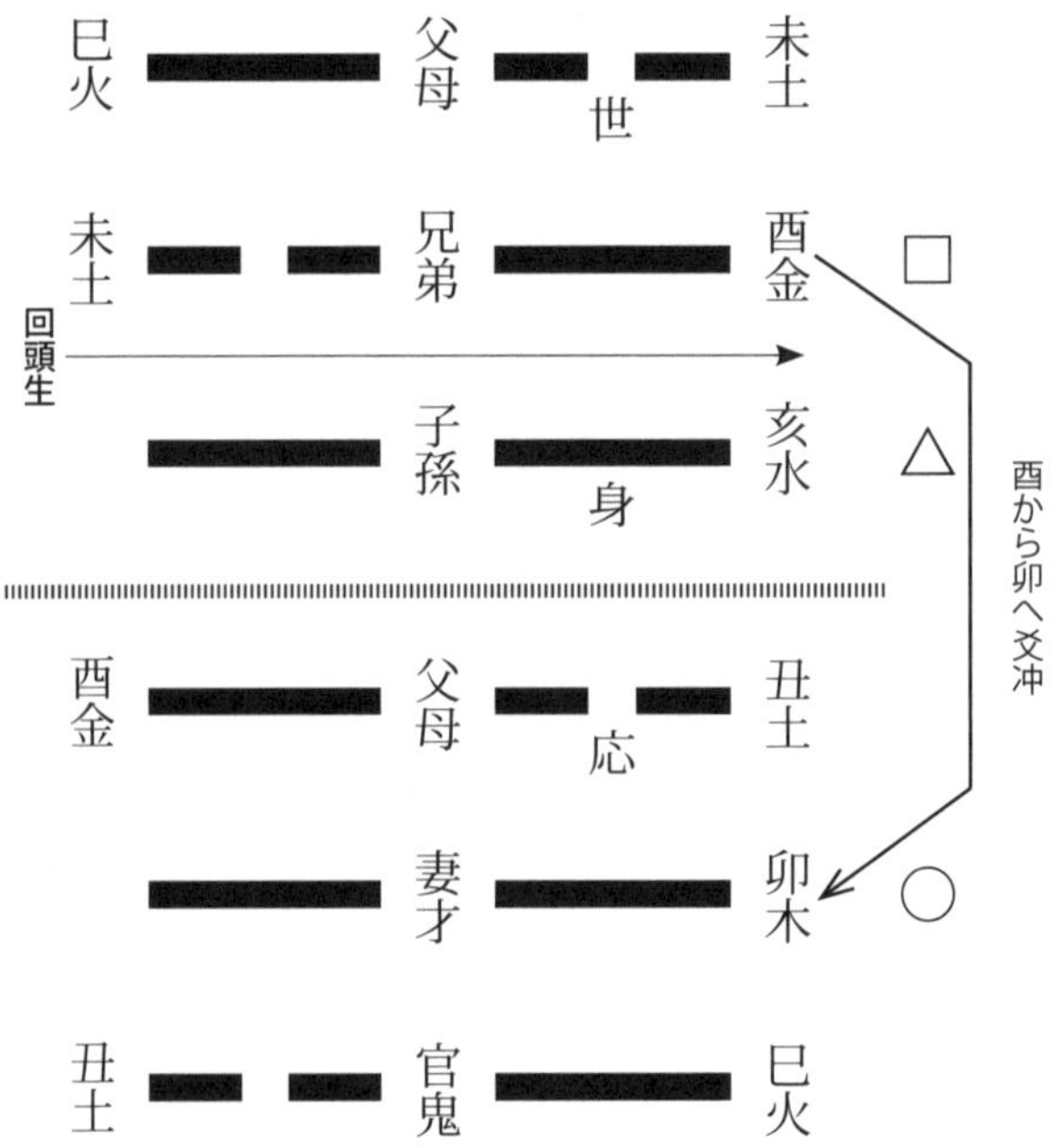

用神は（妻才爻）

占的での助手とは自分にとっては財産となりますので、妻才爻が用神になります。

各神	各神の位置	月建からの作用	日辰からの作用	その他の作用
○用神	二爻の才の卯	休囚	休囚	なし
△原神	四爻の孫の亥	休囚	休囚・剋	なし
□忌神	五爻の兄の酉	休囚・剋	旺相（生）	回頭生

占断

二爻の妻才爻の用神の卯は日月より休囚し、原神の四爻の子孫爻の亥も日月から休囚する上に、日辰からは剋されていますので、用神よりなお弱い状態です。忌神の五爻の兄弟爻の酉は、月建より休囚で剋されますが、日辰より生じられ動いて勢いがあり回頭生で力を増します。

上爻の世爻の未は、父母爻の仇神を持って動いて、巳の官鬼爻に化します。この父母爻が月合するのですが、日辰より冲散し回頭生になっています。あまり力はありませんが、世爻に父母爻が付くのは、父母の意味するところの「心労」、「神経質」になる可能性を示しています。そして父母爻の未が動いて官鬼爻の巳に変化するのは、災いをも連想させるものです。

また、この人との関連性はどうなのかということで見ていきます。この占題では、この人と世爻（本人）との縁があるのかないのかということで判断していきます。

世爻の未と、用神（この人）卯との間に、爻冲、爻合、生剋の有無を確認していきます。未（土）が動きますが、未（土）から卯（木）への関係を見ても、何の関係も見られません。この人と世爻との縁は無いと判断しました。

妻才爻を用神にした場合に、用神、原神が弱く忌神が強いのは凶象となります。忌神の兄弟爻の酉が動いて用神の妻才爻と爻冲するのは、ここでも象意としては凶と捉えます。日辰に父母爻を帯類し、世爻も同じ六親五類の父母爻を持つのは、この人を助手にすれば心配事が増えることを暗示させられるものです。よってこの人を助手にするのは良くない、凶であると占断しました。

〔占題二十二〕

占的　入社試験を受けたS社に入社できるかどうか。

甲申月　壬寅日　空亡〔辰巳〕　本卦〔沢雷随〕　之卦〔天雷无妄〕　32→37

〔ポイント〕

・用神は六親五類の何になるのかを占的から考えて下さい。

・動いている爻については、回頭生、回頭剋、泄気、他がないか、よく見て下さい。

・判断の最後に爻冲、爻合の有無を見て下さい。

《占題二十二・占断》

占的　入社試験を受けたS社に入社できるかどうか。

甲申月　壬寅日　空亡〔辰巳〕　本卦〔沢雷随〕　之卦〔天雷无妄〕　32→37

金　木

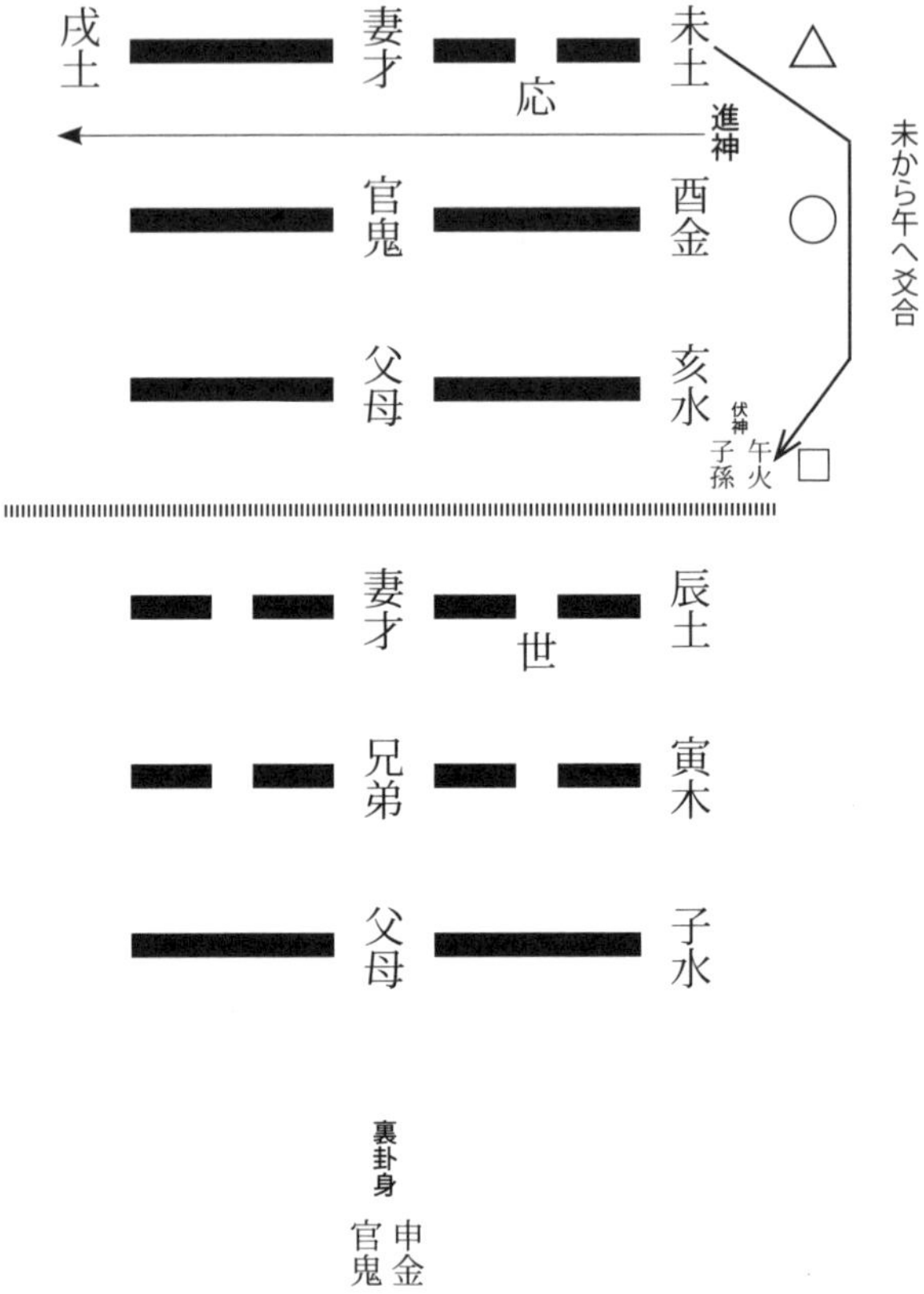

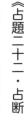

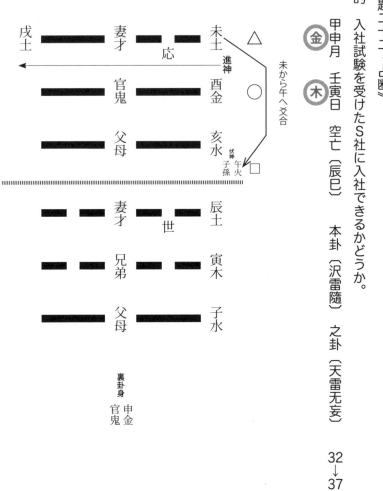

用神は（官鬼爻）

会社ということで用神を考えますので、官鬼爻が用神となります。

各神	各神の位置	月建からの作用	日辰からの作用	その他の作用
○用神	五爻の官の酉	旺相（比和）	休囚	なし
△原神	上爻の才の未	休囚	休囚・剋	進神
□忌神	四爻の父の亥に伏する孫の午	なし	なし	なし

占断

用神の五爻の官鬼爻の酉は、月建からは力を得て比和しますが、日辰より休囚して動かず力は弱くなっています。原神の上爻の妻才爻の未は、日月から弱く、動いて進神しているので若干の力が加わりますが、日辰から休囚・剋されていては力が加わっても僅かのことで、あまり変化がないと判断します。動いて勢いはあるのですが、元の力が無いのではどうしようもない感じです。忌神は四爻の父母爻に伏する子孫爻の午は隠れて全くの無力です。

三爻の妻才爻の辰に世爻が付いています。日月からの作用を見ていきますと、日月から休囚して空亡です。この世爻の辰が動きませんので、関連性として見る爻冲、爻合、生剋の作用が、用神の官鬼爻の酉とはない、ということになります。

世爻（本人）と用神（会社）との関連性が全くないのは、本人がこの会社との縁がないということになります。世爻が空亡するのは、本人がこの会社に今一つ乗り気がないようにも見えます。裏卦身の官鬼爻に申がつき、日月より旺相（月建より月併・日辰より冲起暗動）しているのは、縁があって良いようにも考えられますが、用神の酉（金）と違う支の申（金）が卦身に付いていますので、他にも縁のある会社が見つかる可能性も示唆するものです。

先ずは世爻と用神の官鬼爻（会社）との関連性があるのかないのかを優先して判断していき、そして卦身、裏卦身との関連性を見ていきます。日月からの弱い作用に加味して、世爻の辰と用神の官鬼爻との関係がないのはなおかつ凶相と捉えます。

日辰の寅に六親五類の兄弟爻が付いており、二爻に同じ兄弟爻の寅があります。このように日辰の支と同じ支が本爻にある場合には、特徴のある爻ということで単独でも見ていきます。寅は月破し、日辰より日併して旺相しています。兄弟には「ライバル」という意味がありました。その意味を考慮しますと、入社試験には強力なライバルのいる可能性があります。

※このように、六爻の中で、日併している爻に対しては、三神に入っていない場合でも日月からの作用を別に見ていくようにします。特徴のある爻も見ていく事で、占断の幅も広がっていくのですが、まだ慣れないうちは、三神を中心に見ていってください。

この占題では、日月から用神は少し強く、原神は弱く、忌神も弱いというように判断します。兄弟爻が日辰に帯類し旺相するのは、他に優秀なライバルがいることを暗示させられるものです。裏卦身に官鬼がつき日辰から冲起暗動するのは、入社のできる可能性も少しはあると見られますが、先ずは世爻と用神との関連性が大事です。

この会社との関連性がないのは、狭く考えればこの会社との縁がないということになります。また世爻は才を持ち空亡しています。妻才爻が弱いのは、この会社での給与が期待できないことを表していますが、同時に本人のこの会社に対する意欲が薄いことも示しています。

また、原神の未が動いて忌神の伏する午と爻合します。用神をバックアップする原神が、用神を潰す役目の忌神と密着するのは凶象です。世爻は才を持つのですが、日月から弱く、しかも空亡では「為す術もない」といったところでしょうか。S社に入社するのは難しいと占断しました。

※このような入社試験や入試試験などの競争の激しい占的（入社占）では、日月の作用から見ていくだけではなく、用神となる官鬼爻と世爻との関係があるのかないのかも見て、吉凶の判断は狭く取って判断していかなければなりません。世爻と官鬼爻との爻冲・爻合、生剋の有無は、吉凶の大事なポイントになります。

第三十一章　伏吟・準伏吟・反吟・真反吟

①伏吟・準伏吟

＊伏吟の爻姿

【例一】乾為天→震為雷　1→25

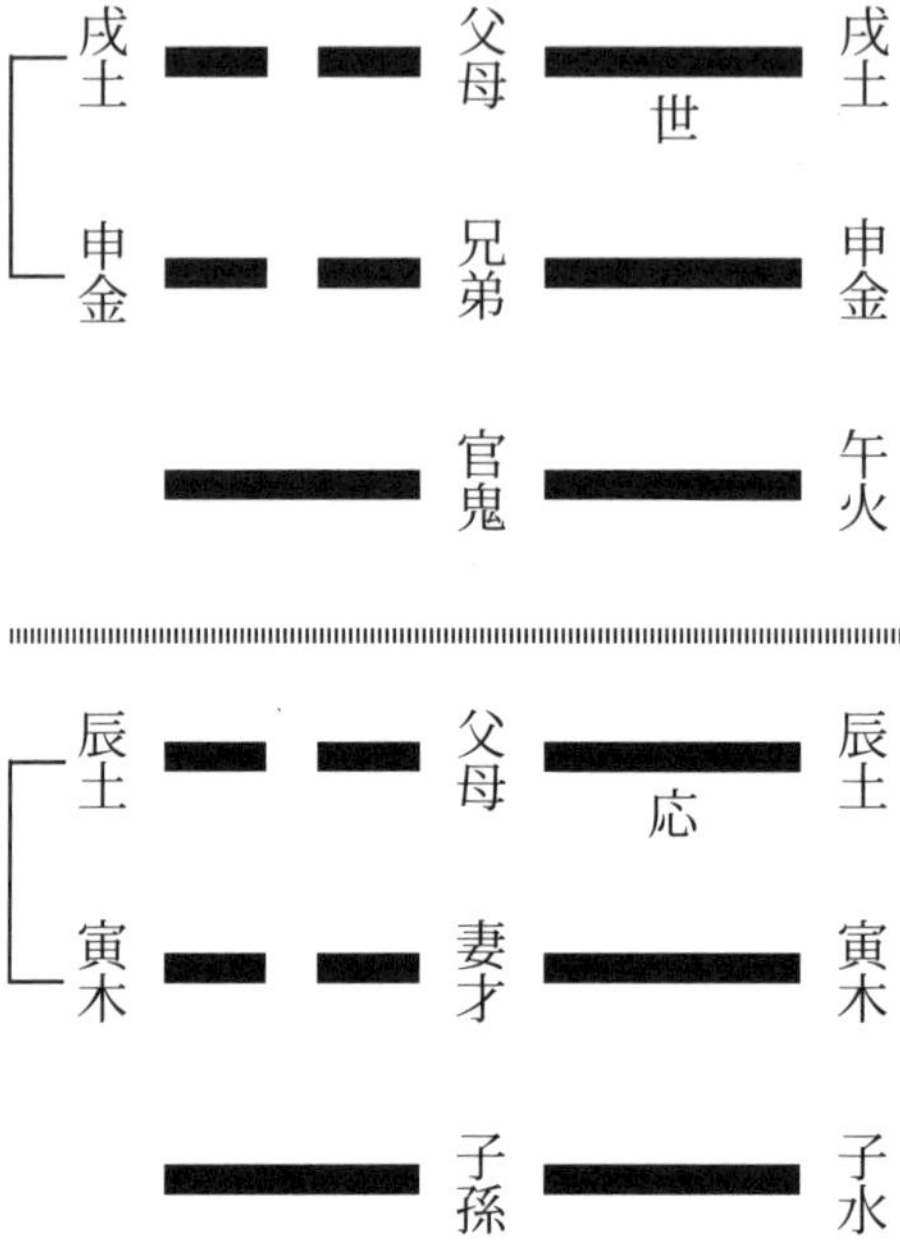

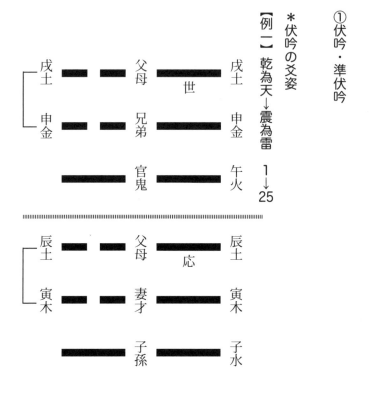

本爻と同じ干支が化爻に出て、二つが隣接している爻の姿を伏吟（ふくぎん）と言います。

＊伏吟の爻姿の種類

・内卦だけでペアになっている
・外卦だけでペアになっている
・内、外卦、共に2つのペアが出現している

＊外卦伏吟・内卦伏吟

【例二】では、外卦の上爻の戌と、五爻の申の爻二つそれぞれが、動爻で上下に並んでいます。本爻の上爻の戌が化爻の戌に、五爻の申が申へと同じ十二支に化しています。これを「外卦伏吟」と言います。また、三爻の辰と二爻の寅も同じように上下に並び、本爻の辰が化爻の辰に、寅が寅へと変化しています。内卦に出現していますので、これを「内卦伏吟」と言います。

＊伏吟の意義

伏吟とは、この漢字の通り、何か抜けきれなくて内にこもり、抜け出せないがために喘ぎ苦しむ、というような状況、状態とでも言えばいいでしょうか。この卦が出たときは、概して凶相ということになってしまいます。用神、原神、忌神が、その卦中にあれば凶象となります。またその卦中にある爻と合・冲・

生剋があれば、どのように関連し合うのかによって吉凶を判断しなければいけません。

このような爻姿においては、人間関係が複雑であったり、何かのトラブルに巻き込まれるというような、物事がすんなりと運ばないという可能性も表しています。

占的によっては用神が変わっていきますので、世爻との動きと合わせて占断することが大切です。

＊準伏吟

準伏吟（じゅんふくぎん）は、爻の進神、退神の動いている爻が、二つで隣接することで成り立っています。上巻で既に進神・退神の説明をしていますが、ここで再確認しますと、次の図のようになります。進神の進み方（順番）は決まっていますので、勝手に変えることはできません。この進神には反対の作用の退神がありました。これは進神の二つの並びの順番を逆にしたものになります。

【進神・退神の順位】

進神	丑↓辰	寅↓卯	辰↓未	未↓戌	申↓酉
退神	辰↓丑	卯↓寅	未↓辰	戌↓未	酉↓申

まだ、憶えていない方は、進神だけを憶えれば退神はそれぞれのペアの逆になりますので、とりあえず進神だけ憶えてしまいましょう。

準伏吟は、「準」と上につきますので、伏吟よりは少しは弱い作用、と考えて下さい。基本的な作用としては伏吟と同じ意味となります。その重さが少しだけ軽いといった感じです。凶であることは同じです。

用神がこの凶相の中にあって進神していても、それはただ単に進神しているだけであって、全く力が抜けている感じです。進神していても凶相の中にいる状態です。身命占でしたら六親五類の何が付いていても凶象として捉えます。

＊準伏吟の爻姿

【例二】 離為火↓坎為水 41↓9

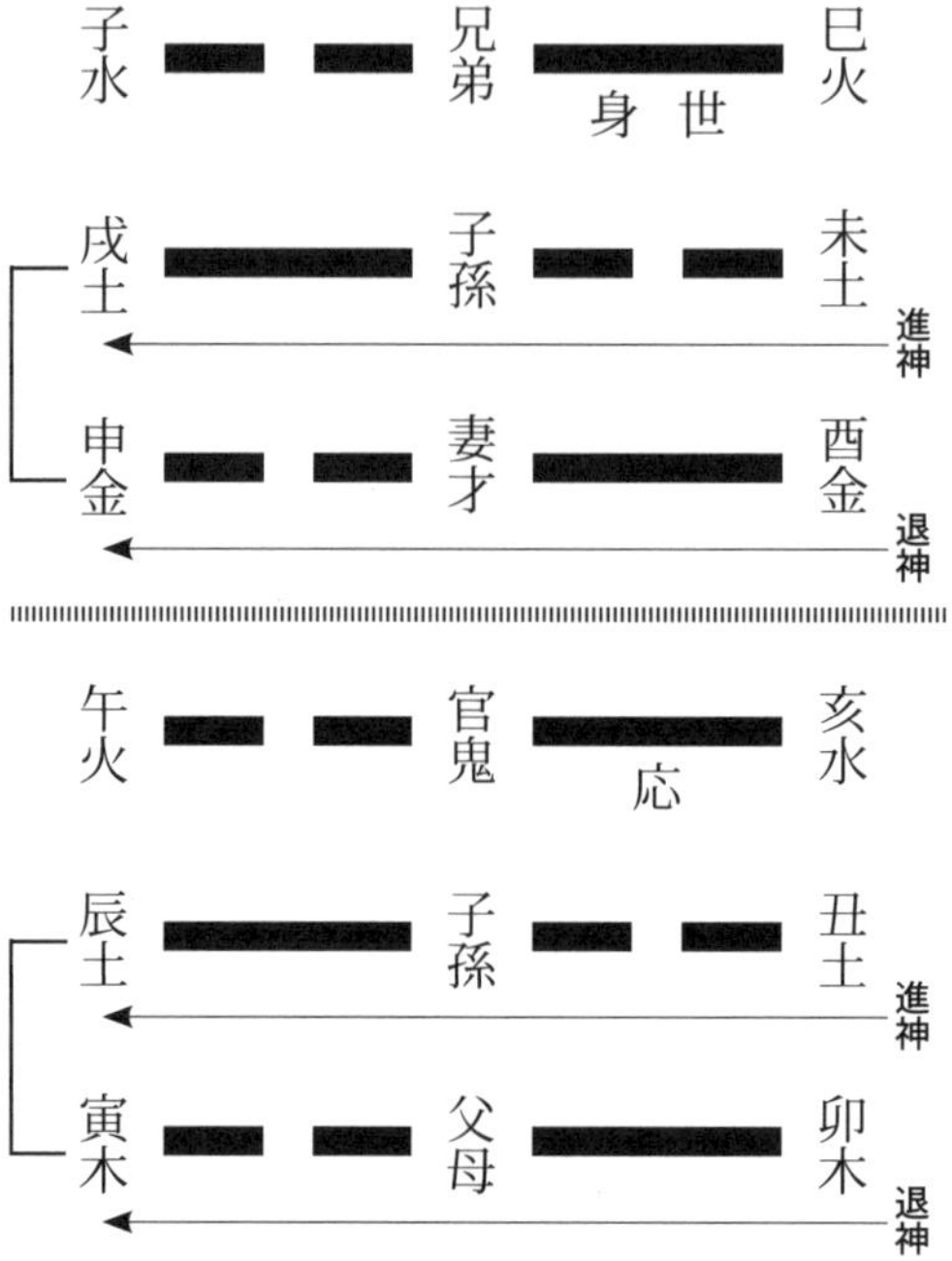

五爻の未が進神して化爻の戌へ、四爻の酉が退神して化爻の申へと上下隣接しています。また、二爻

の丑が進神して辰へ、初爻の卯が退神して寅へと化爻しています。この伏吟ですが、外卦にあるのを「外卦準伏吟」と言います。爻姿としてはこのように、内卦と外卦に出現して一緒に出てくる場合と、内卦だけで出現する場合、外卦だけで出現する場合とがあります。

②反吟・真反吟（回頭剋の反吟）

＊反吟

爻の反吟（はんぎん）とは、本爻の支が動いて化爻の支と冲している爻が、二つ上下に隣接している場合のことを言います。一つだけ動いた爻での反吟はありません。

反吟の意味するところは、苦吟、呻吟が繰り返す様態を表し、うめき苦しむというような状況が続くと言えば良いでしょうか、伏吟の凶象と同じに考えられますが、呻吟が繰り返すのは、しつこくて嫌な感じがします。

※反吟は卯と酉、巳と亥のこの二つのペアしかありませんので、安心して憶えて下さい。

＊反吟の爻姿

【例三】　坤為地→巽為風　49→33

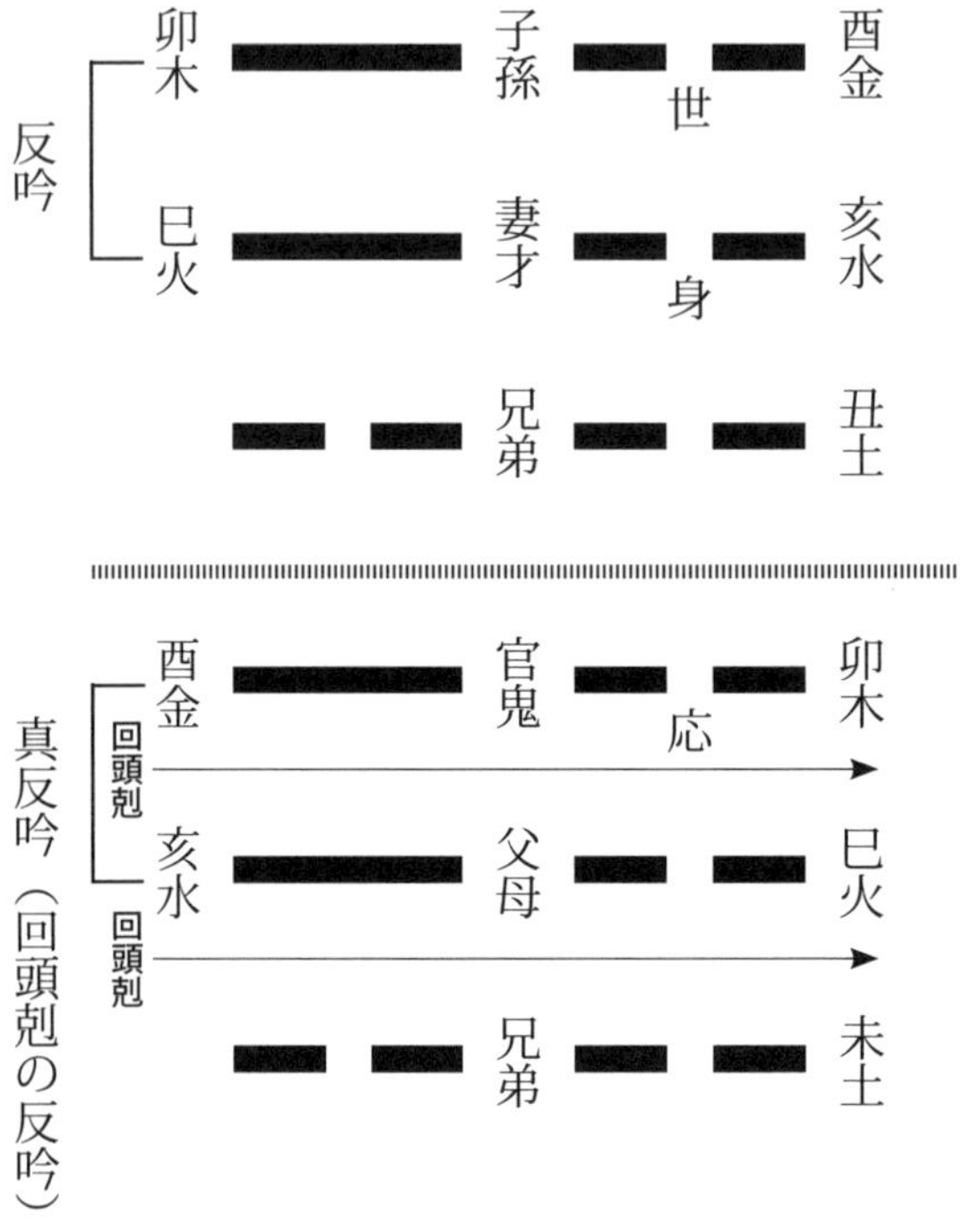

外卦、上爻の本爻の酉が化爻の卯と冲し、五爻の本爻の亥が化爻の巳と冲して、上下隣接した爻姿となります。また、三爻の本爻の卯が化爻の酉と冲し、隣接する二爻の本爻の巳が化爻の亥と冲しています。外卦にある反吟を「外卦反吟」と言い、内卦にある反吟を「内卦反吟」と言います。

＊真反吟（回頭剋の反吟）

【例三】の内卦二爻と三爻の爻姿を見ると、二爻の化爻の亥が本爻の巳を回頭剋しています。また、三爻の化爻の酉が本爻の卯を回頭剋しています。このような反吟を「回頭剋の反吟」、または「真反吟（しんはんぎん）」と言います。この場合、回頭剋をしていない外卦の反吟に比べてその凶意が激しくなりますので、単なる反吟と、回頭剋の反吟での働きの違いに注意をしなければなりません。

※反吟の冲は酉卯と亥巳の二種しかありません。化爻でペアのどちらになっているのかを注意しましょう。

特殊作用による力加減ですが、「準伏吟」が一番弱く、その次が「伏吟」、「反吟」と続いて、一番強く凶意があるのが「真反吟」（回頭剋の反吟）になります。

〔占題二十三〕

占的　K社とのお付き合いは将来的に仕事に繋がるか。

丁酉月　壬戌日　空亡〔子丑〕　本卦〔山火賁〕　之卦〔沢水困〕　18→58

〔ポイント〕

・用神は六親五類の何になるのかを占的から考えて下さい。

・動いている爻については、回頭生、回頭剋、伏吟、準伏吟などがないかよく見て下さい。

・判断の最後は、三神からの爻冲、爻合の有無を考えてみて下さい。

《占題二十三・占断》（準伏吟・尽発）

占的　K社とのお付き合いは将来的に仕事に繋がるか。

丁酉月（金）　壬戌日（土）　空亡〔子丑〕　本卦〔山火賁〕　之卦〔沢水困〕　18↓58

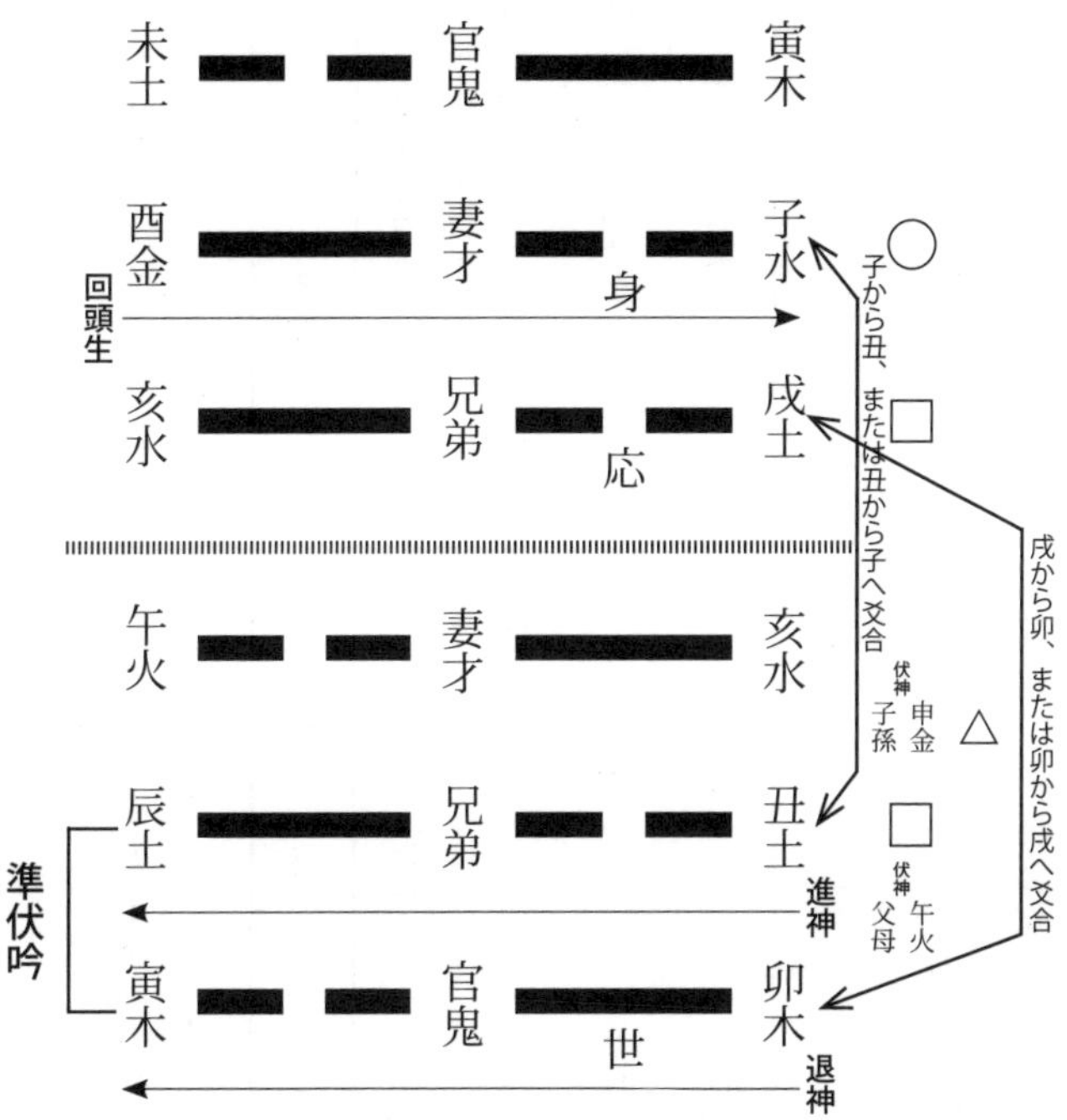

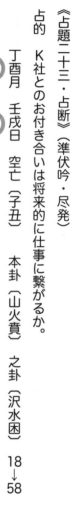

用神は（妻才爻）

会社の財運ということで用神を考えますので、妻才爻が用神となります。

各神	各神の位置	月建からの作用	日辰からの作用	その他の作用
○用神	五爻の才の子	旺相（生）	休囚・剋	回頭生
△原神	三爻の才の亥に伏する孫の申	なし	なし	なし
□忌神	二爻の兄の丑	休囚	旺相（比和）	進神・準伏吟
□忌神	四爻の兄の戌	休囚	旺相（日併）	なし

忌神両現

占断

六爻が全部動く「尽発の卦」を得卦しました。用神の五爻の才の子は月建からは生じられて力を得ますが、日辰より休囚で剋されます。後からの回頭生で力が加わりますが、日辰より弱いので戻るのは過小のことです。原神の子孫爻の申は、三爻の妻才爻に伏して全くの無力で用神を支える力がありません。忌神は、二爻の兄弟爻の丑と四爻の兄弟爻の戌とが動くので、両現としました。二爻の兄弟爻の丑（土）は、月建から休囚で日辰より比和、準伏吟中で凶象を表していて、四爻の兄弟爻の戌は日辰より日併して旺相しています。

二爻の忌神の丑は、初爻の世爻の官鬼爻と隣接して準伏吟を形成します。この準伏吟中に忌神の丑があるのは、忌神としての力を十分に発揮できない状況にあると考えます。かたや四爻の兄弟爻の戌は月建からは弱いのですが、日併して旺相していますので、忌神である兄弟が全くの無力という訳ではありません。

初爻の世爻が官鬼爻を持って準伏吟にあるのは、このK社との人間関係、または取引でのトラブルなどを暗示させられるものです。

五爻の用神の才の子（卦身）と、用神を潰す役目の忌神である二爻の兄弟爻の丑とが爻合するのは、凶としての象意がはっきり出ていることを示しています。

日辰に兄弟爻が帯類して四爻の兄弟爻の戌が旺相するのは凶象です。「出費」、「損失」、「競争」などの内容を示唆すると共に、尽発の爻を得て、このような内卦で準伏吟中に世爻が官鬼爻を持って動くのは、困難極まるというような姿にも解釈されます。

応爻を相手のK社として見たならば、応爻である戌が忌神の兄弟爻を持って、初爻の官鬼爻を持つ世爻と爻合します。世爻がこのK社と繋がることで、何らかのトラブルに巻き込まれて損害を被ることの可能性を暗示させられるものです。K社は、十分に気を付けなければならない相手だと推測されます。将来的に、仕事（財）としては繋がらない相手だと占断しました。

〔占題二十四〕

占的　社会福祉士になってどうか。

丙寅月　己巳日　空亡〔戌亥〕　本卦〔坤為地〕　之卦〔風水渙〕　49↓46

〔ポイント〕

・用神は六親五類の何になるのかを占的から考えて下さい。
・動いている爻については、特殊作用などがないかよく見て下さい。
・世爻もよく見て下さい。
・最後に世爻と用神との関連性を考えて下さい。

《占題二十四・占断》（反吟）

占的　社会福祉士になってどうか。

丙寅月　己巳日　空亡（戌亥）　本卦（坤為地）　之卦（風水渙）　49→46

木　火

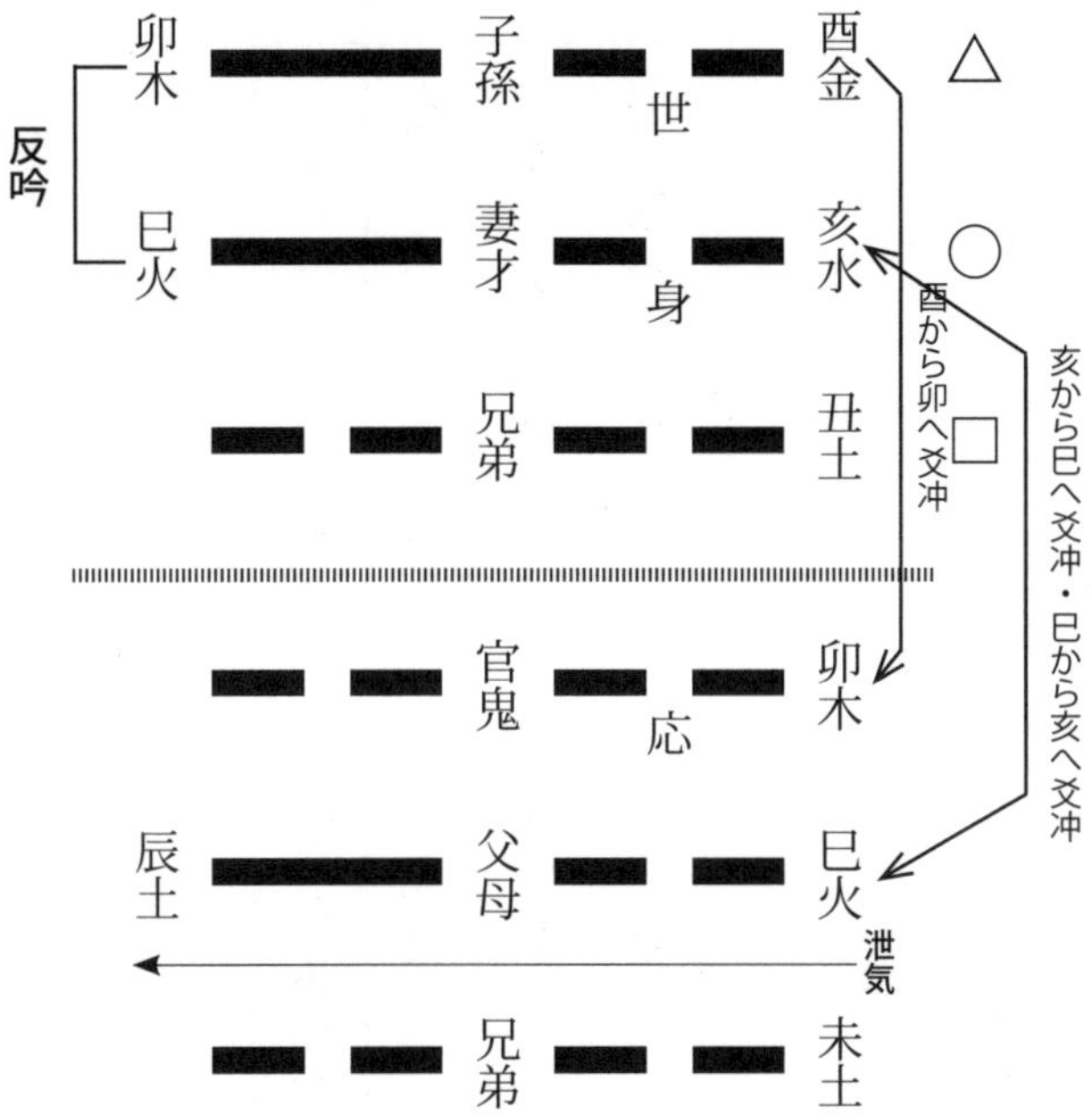

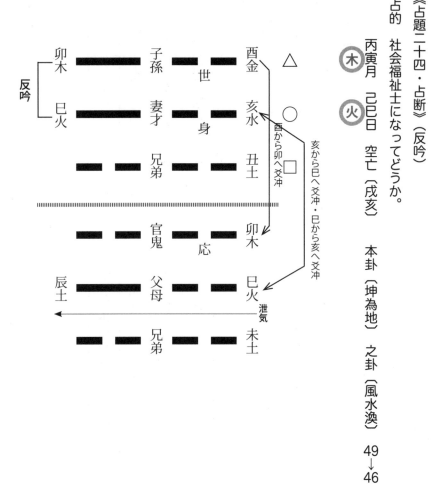

用神は（妻才爻）

本人にとっての転職は、仕事として財を成すかどうかですので、妻才爻が用神となります。

各神	各神の位置	月建からの作用	日辰からの作用	その他の作用
○用神	五爻の才の亥	合（月合）	冲（冲散）	反吟
△原神	上爻の孫の酉	休囚	休囚・剋	反吟
□忌神	四爻の兄の丑	休囚・剋	旺相（生）	なし

占断

五爻の用神の妻才爻の亥は、月合しますが、日辰より冲散しますので全く力がありません。原神の上爻の子孫爻の酉も日月より休囚し日より剋されていますので、用神を支える力はなく、用神、原神共に弱いようです。忌神の四爻の丑は動かず、月建からは休囚し剋されて力はありませんが、日辰より生じられて旺相しています。

五爻の用神の亥と上爻の原神の酉の二爻が隣接して、外卦反吟を形成します。

その反吟の中に原神を持つ世爻があるのは凶相を表しています。爻の内卦、外卦での解釈は、内卦を身内・家庭と考えるならば、外卦は社会生活の意味にも捉えられますので、その外卦に反吟する世爻（本人）がいるということは、職場での人間関係他、何らかのトラブルに巻き込まれる可能性を示唆するものです。用神の妻才爻は、冲散で力が霧散するような状態で無力、その用神を支える役目の原神も、日月より弱く、用神との反吟を形成して全く力を発揮できない上に、四爻の忌神が日辰から生じられて強いというのは、凶象の体を表しています。

二爻の父母爻の巳が日辰と同じ巳となって日併しますので、特徴のある爻としてこの二爻の巳を見ていきます。父母爻には「心労」や「神経」などの意味がありました。この父母爻の巳と五爻の卦身の亥が爻冲するのは、神経を磨り減らすほどの心配事のあることを暗示しています。

もう一つの爻冲として、反吟の上爻の世爻の付く酉が子孫爻を持ち、動いて卯の官鬼爻に化します。この酉が動いて化した卯と同じ官鬼爻を持つ三爻の卯と爻冲します。

子孫爻を拡大解釈して「小さいことがある」という意味で、世爻は忙しく、反吟中にあっては、何事もうまくいかないことを示していますが、動いて化爻の卯の官鬼爻に変わるのは凶象ですし、酉が動いて同じ官鬼爻の二爻の卯と爻冲するのは、心労もあり、官鬼は「難儀な状況」というような意味もありますので、患難感を表すものです。

以上の判断によって、社会福祉士の道は前途多難であり、凶であるというように占断しました。

このように、反吟に世爻の卦があっては占断していても重くなります。疲れがどっと来る感じです。

反吟は全く良くありません。仮に真反吟（回頭剋の反吟）であったならば、更に凶意が増しますので、もっと厳しくなる感じです。

占断で、このような凶象の卦を得卦した場合には、なおのこと相談者に寄り添った前向きなアドバイスが出来るように、日頃より世の中の動きには敏感になっていたいものです。

第三十二章　三合会局・まとめ

三合会局には、五種類の会局がありました。

・木局（卯）↓亥卯未
・火局（午）↓寅午戌
・土局（戌）↓午戌寅
・金局（酉）↓巳酉丑
・水局（子）↓申子辰

三合会局の中心となる支の局は、木局は（卯）であり、火局は（午）、土局は（戌）、金局は（酉）、水局は（子）となります。

＊三合会局の種類

①本爻だけで動いている場合
②内卦、外卦、それぞれの中で、本爻で三合会局する場合（三角形の図）
③本爻で二つの爻が動いて、その二爻と日辰で三合会局する場合
④内卦、外卦、それぞれの中で、化爻で三合会局する場合（三角形の図）

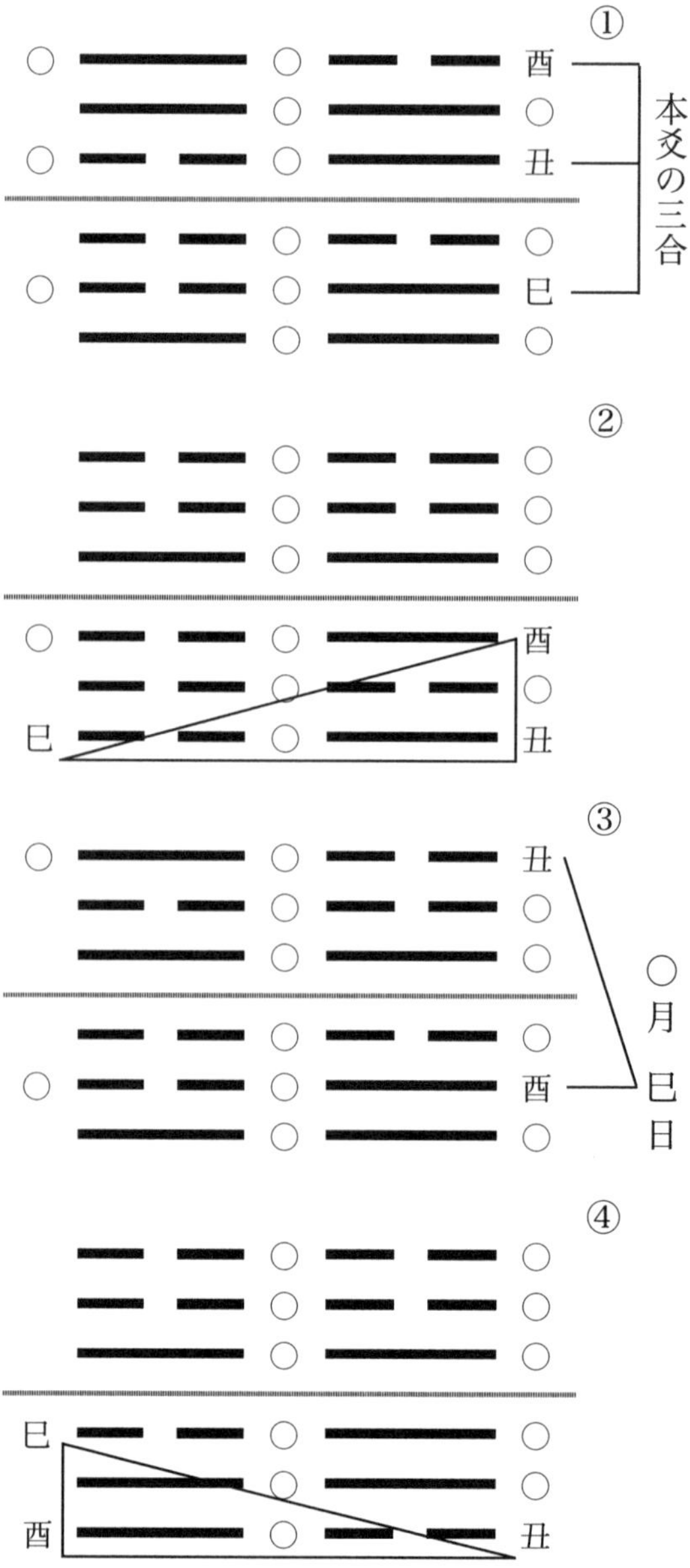

三合会局は④のように化爻で取る場合や、②のように本爻で三合会局を取る場合がありますが、内卦や外卦で、同時に本爻と化爻との二つで出現することもあります（【占題二十六】参照）。

本爻で三合会局した場合には、その三合の局のみの力が更に強くなる可能性がありますが、化爻で三合会局になった場合には、化爻の局から本爻に生・剋・合・冲をして影響を与えていきますので、本爻での三神が日月からの作用で得た元の力に、加減が及ぶことになります。

※本爻で三合会局する場合と、化爻で三合会局する場合でしたら、本爻で三合会局する方が化爻でのそれより強くなる可能性があります。化爻は先述しましたように、本爻六爻全部に作用して複雑になってしまうということもありますので、得卦した爻において、本爻と化爻とのどちらでも取れる場合には、本爻での三合会局を優先して判断に加えていきます。

⑤回頭生の三合会局
⑥回頭剋の三合会局
⑦進神、退神などを含んだ三合会局
⑧泄気の三合会局

三合会局は、動いている爻が会局の中心となります。動爻に様々な作用のあることを考慮しますと、何の作用も入っていないのは稀なことです。動くということは化爻から本爻に、または本爻から化爻へと何かの作用の出る可能性があると言うことです。

基本の判断は、先ずは日月からの作用による力加減を三神それぞれで見ていくことにありますが、もし何れかの三神の神に三合会局があったならば、発生する力はその日月から受けた作用の後から三合会局の力が加わります。最初から三合会局の力を基本とはしません。ですから、⑤回頭生の三合会局は、回頭生の爻が後から三合会局したに過ぎません。⑥〜⑧においても同じです。

※三合会局の種類は右に挙げた通りですが、⑤の回頭生の三合会局の場合には化爻からの回頭生なので強く、⑦進神は少し強くと判断しますが、⑥回頭剋の三合会局は全く弱く、⑦退神などを含んだ三合会局、⑧泄気の三合会局などは、弱いと言うように、一応の目安にして頂ければと思います。

三合会局というのは、各三神を日月からの作用で判断した後に見ていくものなので、⑤の回頭生の三合会局の場合は、日辰からの判断に回頭生の作用があって、そしてなおかつ三合会局になっていれば、その最初の日月の作用に追加して見ていくようにします。

回頭生の三合会局だからといって、日辰から休囚しているのに突然、旺相に変化するということはありません。日辰から休囚していればやはり休囚のままですが、そこに力が加わる感じです。

次に、⑤回頭生の三合会局の爻姿を【例四】に、⑧泄気の三合会局の爻姿を【例五】に載せていますので参照して下さい。

【例四】

⑤回頭生の三合会局〔爻姿：本爻で回頭生の三合金局〕

本卦〔兌為沢〕　之卦〔火山旅〕　57→42

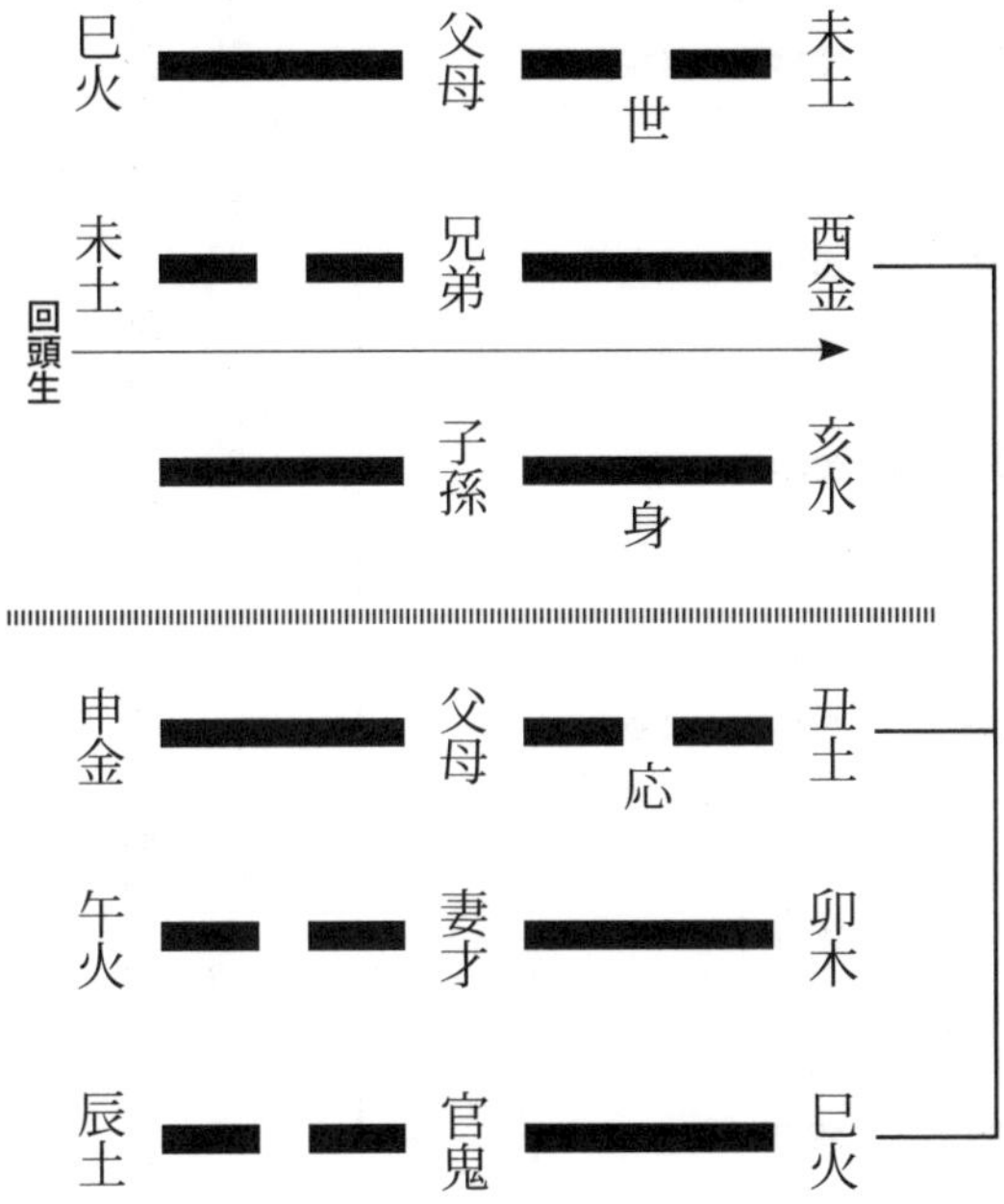

【例五】

⑧泄気の三合会局（爻姿：本爻で泄気の三合金局）

本卦〔兌為沢〕之卦〔地山謙〕57→62

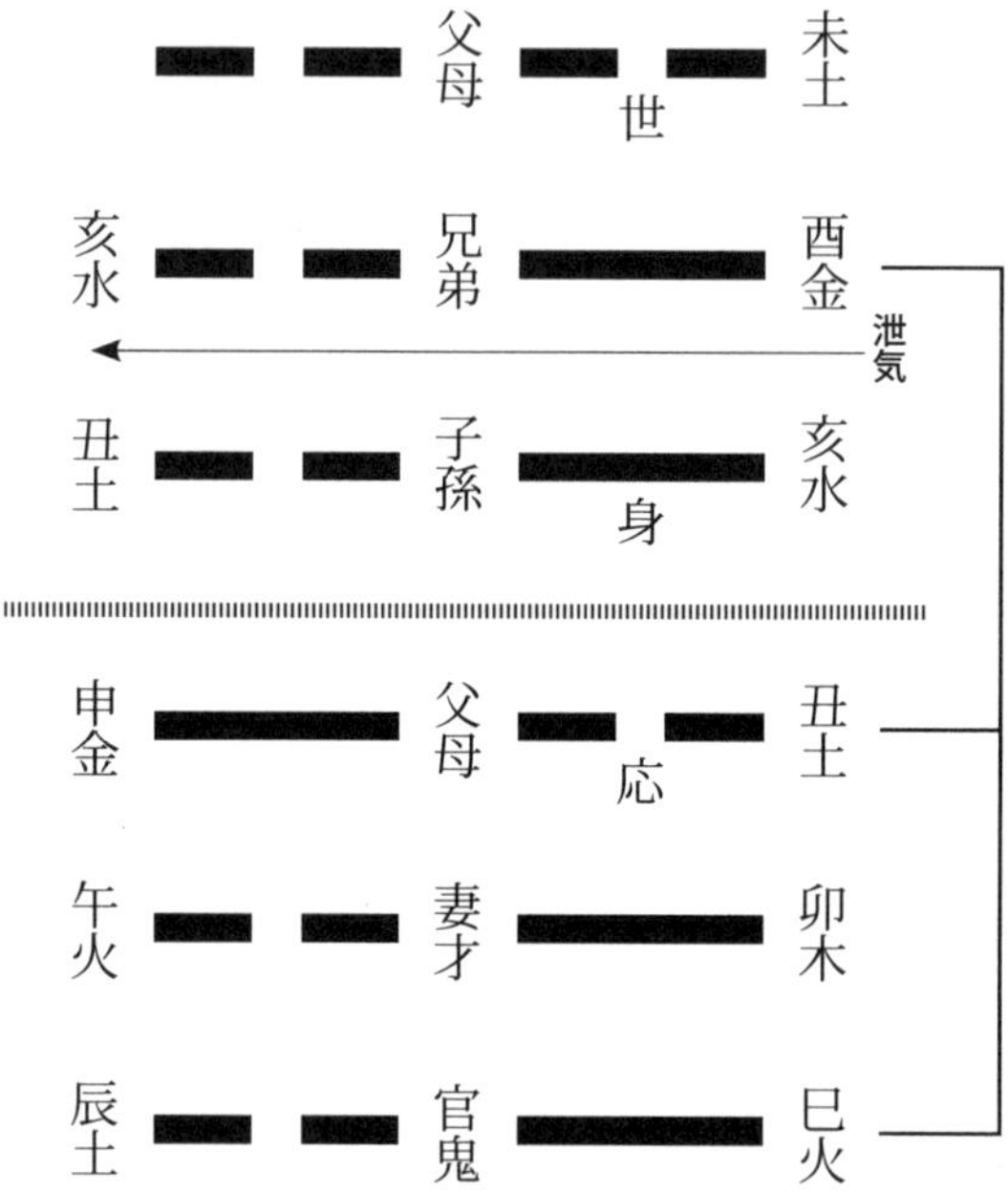

第三十三章　三合会局（虚一待用）

＊虚一待用の基本

例えば三合火局ですと、動いている（午）を中心にして、寅午戌の三支が全て動爻でなければ、三合会局にはなりません。

ここで、二つの支が動いていて、あと一つの支を待てば三合会局になるという状態のことを「虚一待用」（きょいつたいよう）と言います。あと一つというのは、その三合会局の構成となるはずの一つが静爻で動いていない状態になっているということです。

これは、応期断法で言えば、その足りない一つを待って応期にして占断するということになります。

但し、月建が虚一待用の値（支）である場合には、その値が月内でないと有効にはなりません。次の月になりますと月建が変わりますから、三合会局の力は消滅してしまいます。

得卦した爻に虚一待用があれば、用神や卦身・裏卦身からの応期の判断に加えて、更に応ずる期を明確に出せる場合がありますので、大いに助けられることがあります。

次に【例六】を見て下さい。

得卦した中で二支は動いているが、一支が動いていないので三合会局にならないケースです。火局の午の爻が動き、戌の爻も動くのですが、もう一つの寅の爻が静爻で動かないが為に、三合火局とはなりません。

寅が動けば三合火局となりますので、静爻の寅の支を待ちましょう、ということなのです。この三合火局になる為に、後一つの爻を待つという理論（虚一待用）として応期断法として活用します。

※応期断法の基本は、先ずは用神、そして卦身・裏卦身によって応ずる期を判断するというのが原則です。この原則に基づいて応期を判断しますが、得卦した中に虚一待用がある場合には、その理論も加えて応期の判断の目安にしていきます。その際での応期の取り方は「値」より優先して占断します。

【例六】

本文での三合火局（爻姿：虚一待用）

本卦〔乾為天〕　之卦〔水天需〕　1↓55

（寅・午・戌）での虚一待用……寅が虚一待用となる例

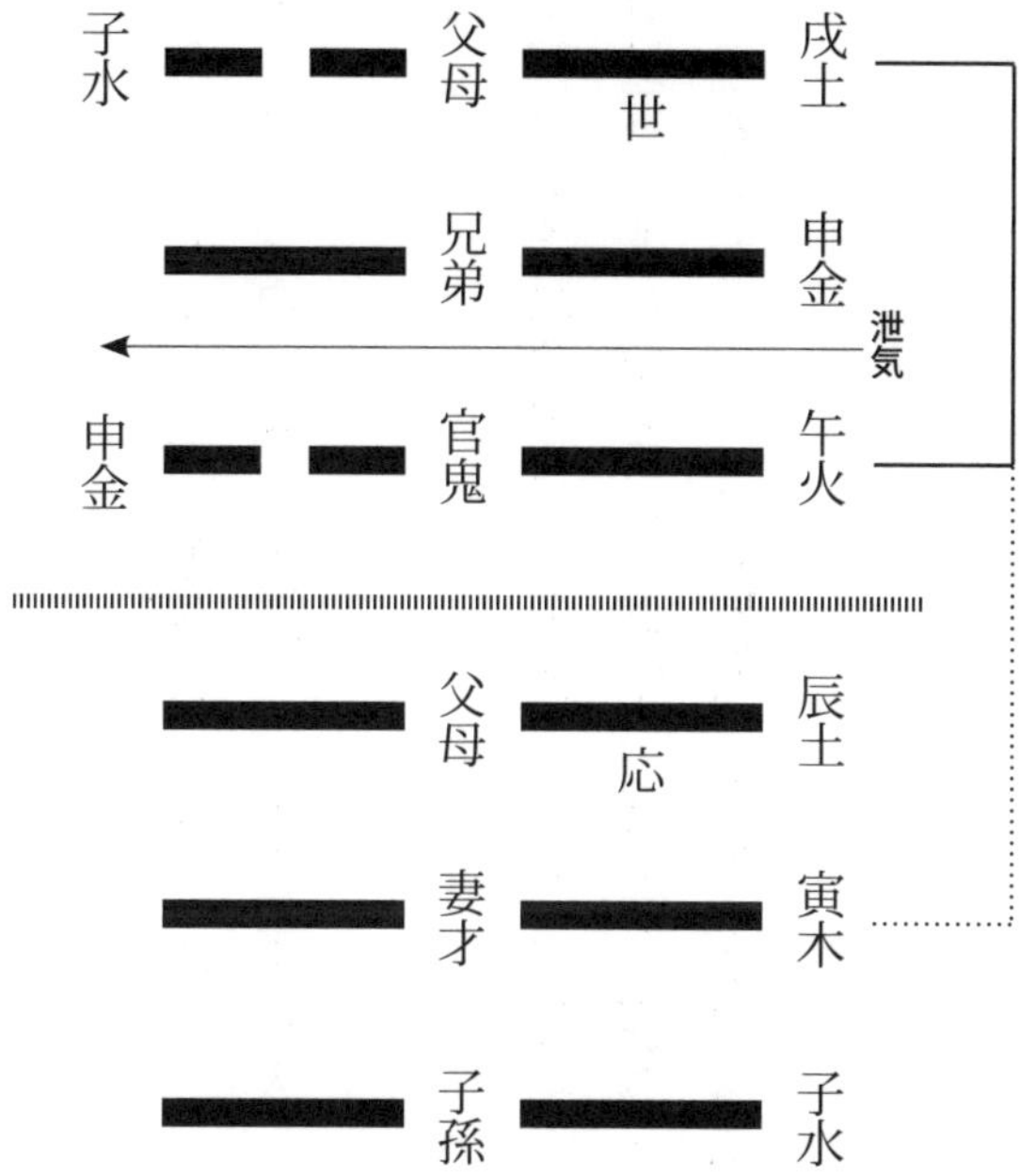

※爻図のように、卦中には必ず三合となる為の三つの支が爻上に揃っていることが、虚一待用の条件となります。

〔占題二十五〕

占的　体調が思わしくないが心配はないか（本人より）。

乙巳月　癸未日　空亡（申酉）　本卦（風火家人）　之卦（火雷噬嗑）　35→38

〔ポイント〕

・用神は六親五類の何になるのかを占的から考えて下さい。

・動いている爻については、回頭生、回頭剋、泄気、三合会局の有無を見て下さい。

・いつ変化があるかという応期断法を見て下さい。虚一待用を考えて下さい。

《占題二十五・占断》（虚一待用）

占的　体調が思わしくないが心配はないか（本人より）。

乙巳月　癸未日　空亡（申酉）　本卦（風火家人）　之卦（火雷噬嗑）　35→38

火　土

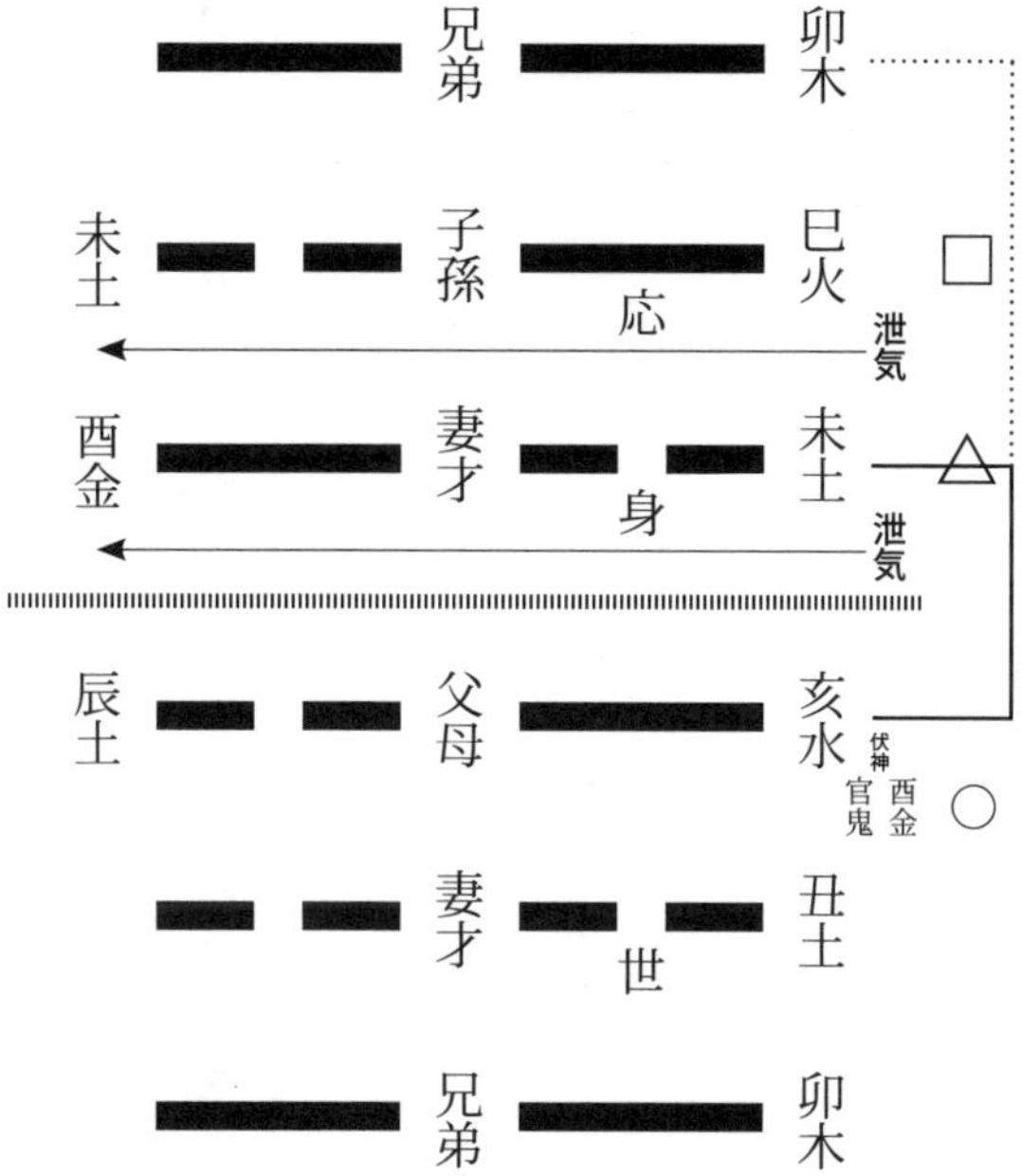

亥・卯・未（三合木局・虚一待用）

用神は（官鬼爻）

体調については、災いがあるかどうかで考えますので、官鬼爻が用神となります。

各神	各神の位置	月建からの作用	日辰からの作用	その他の作用
○用神	三爻の父の亥に伏する官の酉	なし	なし	空亡
△原神	四爻の才の未	旺相（生）	旺相（日併）	泄気
□忌神	五爻の孫の巳	旺相（月併）	休囚	泄気

占断

用神の官鬼爻の酉は伏して、日月より空亡で無力です。原神の四爻の才の未は月建より生じられ、日併して旺相しての泄気ですので力は温存します。しかし、用神は空亡していますので、原神に力があっても支えようがありません。五爻の忌神の孫の巳は月併して旺相し、日辰より休囚し泄気します。日辰からの力は弱いのですが、用神が伏して全くの無力ですので、月建のみの力量で用神の官鬼の酉を潰しにかかります。忌神の月併の力は、十分に用神を威圧出来る様相を表しています。

用神が弱く忌神が強いので、症状としては大した事はないというように判断しますが、原神の継続性という特色を考え合わせましたら、体調が戻るのには少し時間がかかるのではないかと考察されます。

・応期

単なる体調の質問なので、応期は日で考えていきます。

応期として、先ずは用神の酉は伏して空亡していますので、その値ということで「**酉**」の日、そして卦身は四爻の原神の才の「**未**」に付きます。未が動いていますので、動は合を待つ「**午**」日、そして値である「**未**」日になります。

このように酉日か午日か未日、ということになります。後は動いている爻がありましたら、虚一待用が出来るのかどうかを調べていきます。

・虚一待用

虚一待用で考えられるのは、動いている爻の中で、三爻の亥と四爻の未の二つの爻があります。亥、卯、未の三つの爻で三合会局を考えるならば、上爻の卯が静爻で動いていませんので、この虚一の「卯」を待てば三合木局になります。こうして、最初に出した応期の日に「**卯**」日も入れて考えます。

＊応期の占断

占事た日が未日なので、未日から順に数えていきます。未、申、酉、戌、亥、子、丑、寅、卯、辰、巳、午、と書いて考えていきます。未から数えていきますと、占断での応期では、若干日数がかかりそうな感じでしたので、「酉」だと早過ぎ、「午」だと遅いので、卯日前後でしたら丁度一週間前後、という判断ができます。よって卯日を応期としました。

日辰に妻才爻が帯類して二爻の世爻にも才がつき、日辰より冲起暗動して旺相しますし、原神になる四爻の才にも卦身が付いて日併しますので、食事に気をつけた方が良いかと思われます。用神分類では、才は「食べ物」の意味があり、才が旺相するのは過食ということも考えられます。また、用神の官鬼爻の酉が三爻の父母爻に伏するのは、精神的な原因でもあるのでしょうか。落ち着いたストレスのない生活が大事です。病状としては軽く、一週間前後に変化があるのではないかと占断しました。

〔占題二十六〕

占的　店舗を増やして経営するのはどうか。

辛亥月　甲辰日　空亡〔寅卯〕　本卦〔地火明夷〕　之卦〔雷地予〕　15→26

〔ポイント〕

・用神は六親五類の何になるのかを占的から考えて下さい。
・動いている爻については、日月からの作用をよく考えて下さい。
・日月からの判断の後に爻冲、爻合の有無と、三合会局の有無を調べて下さい。
・世爻に六親五類の何が付いているのかも注意しましょう。

《占題二十六・占断》（三合会局）

占的　店舗を増やして経営するのはどうか。

辛亥月　甲辰日　空亡（寅卯）　本卦（地火明夷）　之卦（雷地予）　15→26

水　土

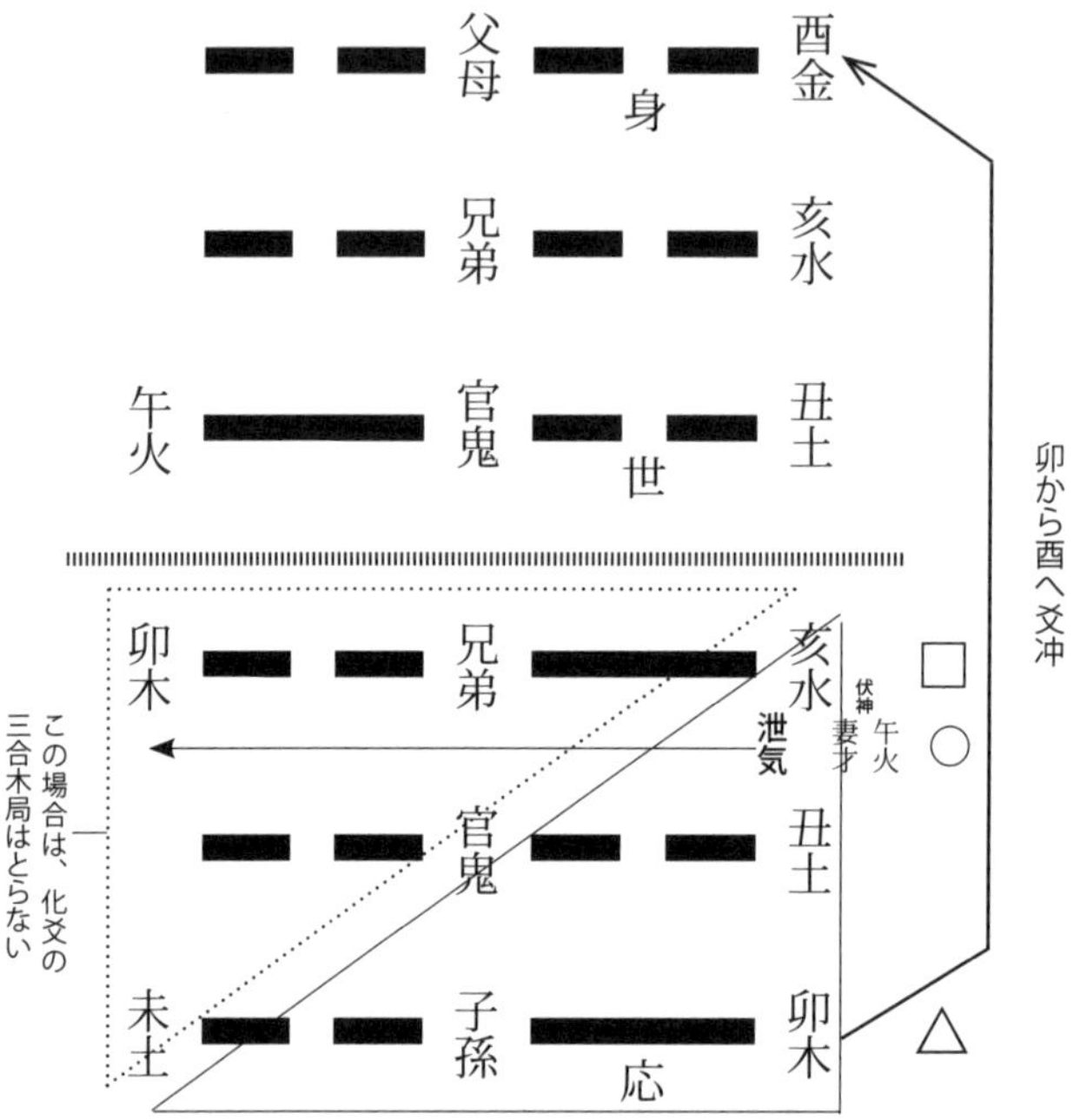

※内卦で同時に本爻と化爻で三合木局が取れる場合には、本爻の方で取ります（九十三頁を参照）。

用神は（妻才爻）

店舗を増やすということは、財運を求める求才占ということになりますので、妻才爻が用神となります。

各神	各神の位置	月建からの作用	日辰からの作用	その他の作用
○用神	三爻の兄の亥に伏する才の午	なし	なし	なし
△原神	初爻の孫の卯	旺相（生）	休囚	三合木局
□忌神	三爻の兄の亥	旺相（月併）	休囚・剋	泄気

占断

用神は三爻の兄弟爻の亥に伏する午で隠れましたので、全くの無力です。原神は初爻の子孫爻の卯が月建より生じられ旺相しますが、日辰より休囚しますので万全の力には及びません。この初爻の卯と動いて化した未と三爻の兄の亥とで、内卦三合木局（本爻での三合木局）として吉相を見せますが、原神の卯は日辰より休囚していますので、吉相であっても元の力が弱ければ、卯の力が加わっても日併ほどにはなりません。原神は月建からの力で用神を助けようとしますが、用神が隠れていては力の発揮のしようもありません。

この内卦三合木局は、本爻での三合木局とは別に、三爻の亥と、化した卯と、初爻の動いた化爻の未との三合木局（化爻での三合木局）も形成します。
化爻の卯で三合木局した場合には、この卯から本爻六爻へと生、剋、合、冲の作用を行いますので、判断が複雑になっていきます。このように内卦や外卦で二つの三合会局が取れる場合には、必ず本爻で会局する方を選びます。初爻の卯で三合木局した場合には、この卯（木）のみが更に旺相することになります。

四爻の世爻には官鬼爻が付いて、日辰より比和して、動いて午（妻才爻）に化して回頭生で力が増します。官鬼には「人気」という意味もあるのですが、憂いがあって何かの困難さを暗示させるものでもありますので、店舗を増やすことの困難さも表しています。
初爻の原神の卯から上爻の卦身の父母爻の酉へと爻冲するのは、既に新しい店舗の当たりを付けているのでしょうか。

日辰に官鬼爻を帯類し、世爻にも官鬼爻が付いて、動いて伏する妻才爻の用神と同じ午に化するのは、世爻（本人）が困難を持って動いて、なんとか財運を掴むというようにも見えますが、才が伏するのは、経営努力の甲斐も無く、財運が思うほど伸びないことを暗示させられます。原神は三合木局して強いのですが、肝心の用神が伏していてはどうしようもないことです。この占断では凶、というように判断しました。

第三十四章　応期断法の取り方・決め方（順位）

応期断法については上巻で解説しておりますが、ここでもう一度復習も兼ねて説明したいと思います。

応期に対応するのは、用神となる支と、卦身または裏卦身となる支です。これらから応期を判断していきます。先ずは用神で「それはいつなのか」といった応期を出すのが先決で、その後に卦身・裏卦身の応ずる時期を出し、最後に用神、卦身、裏卦身の「値」も参考にしながら占断していきます。

＊応期の基本（復習）

・用神が動爻であれば、合するときの支。
・用神が静爻であれば、冲するときの支。
・卦身が動爻であれば、合するときの支。
・卦身が静爻であれば、冲するときの支。
・裏卦身は、冲するときの支。

※応期の占断の最後に、用神の値（支）、卦身・裏卦身の値（支）も参考にして、総合的に判断します。

＊応期の順位

①用神の支
②卦身・裏卦身の支
③用神の値（支）
④卦身または裏卦身の値（支）

このように①から順番に応期を出していきますが、その応期となる支が日なのか、月なのか、年なのかは、占的（クライアントからの相談の内容）や、日月からの作用で三神が受けた作用に基づく吉凶判断などの総合的な占断によって決めていきます。

＊応期のまとめ

①用神が静爻であれば、応期は冲する支。
②用神が動爻であれば、応期は合する支。
③用神が合起する場合の応期は、冲する支。
④用神が冲散する場合の応期は、合する支。

⑤用神が合住する場合の応期は、冲する支。
⑥用神が冲起暗動する場合の応期は、合する支。
⑦用神が三合会局に逢う場合の応期は、冲する支。
⑧用神が伏神であれば、応期は値（支）。

☆各用神の応ずる作用は、卦身も同じ応期の取り方となります。

＊特殊作用での応期

①用神が伏吟する場合の応期は、冲する支。
②用神が準伏吟する場合の応期は、冲する支。
③用神が反吟する場合の応期は、合する支。
④用神が真反吟する場合の応期は、合する支。
⑤用神が爻合住する場合の応期は、冲する支。

＊応期の基本

・動は合を待て
・静は冲を待て

・合は冲を待て
・冲は合を待て

☆各用神の応ずる作用には、必ず卦身、または裏卦身も応期の判断に加えます。

※応期断法は、物事が発生したその時期も含めての理論となっていますが、実際の場面では、主に吉凶判断をしたその後の結果として、応ずる時はいつなのか、といった時期を見ることが多いのです。

〔占題二十七〕

占的　付き合っている男性と別れられるかどうか。

丁丑月　庚辰日　空亡〔申酉〕　本卦〔風水渙〕　之卦〔山風蠱〕　46↓40

〔ポイント〕

・用神は六親五類の何になるのかを占的から考えて下さい。

・恋愛占は兄弟爻も見ていきます。

・動いている爻については、日月からの作用をよく考えて下さい。

・日月からの判断の後に爻冲、爻合の有無を調べて下さい。

・世爻と用神の関係があるのかないのかも注意しましょう。

《占題二十七・占断》（応期断法）

占的　付き合っている男性と別れられるかどうか。

丁丑月　庚辰日　空亡（申酉）　本卦（風水渙）　之卦（山風蠱）　46→40

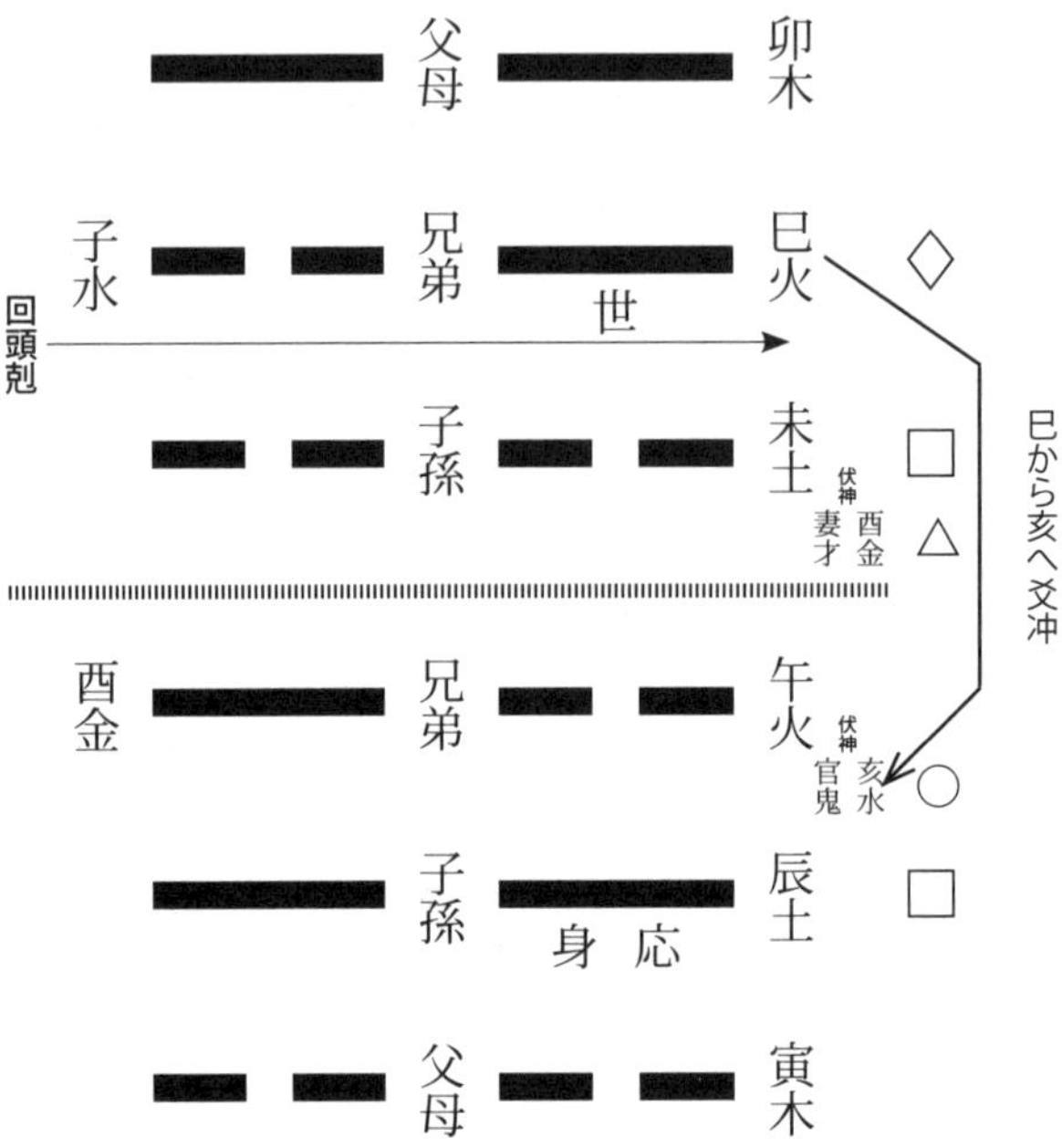

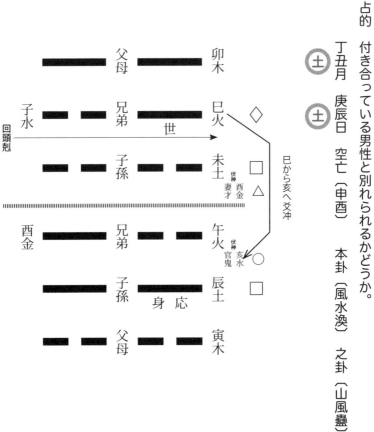

用神は（官鬼爻）

恋愛占となりますので、相手の男性は官鬼爻を用神にします。

各神	各神の位置	月建からの作用	日辰からの作用	その他の作用
○用神	三爻の兄の午に伏する官の亥	なし	なし	なし
△原神	四爻の孫の未に伏する才の酉	なし	なし	空亡
□忌神	二爻の孫の辰	旺相（比和）	旺相（日併）	なし
□忌神	四爻の孫の未	冲（月破）	旺相（比和）	なし
◇仇神	五爻の兄の巳	休囚	休囚	回頭剋

忌神両現

占断

用神は三爻の兄の午に伏する官鬼爻の亥で、日月より作用がないので無力です。原神も四爻の孫の未に隠れた才の酉で、全く力がなく空亡します。忌神は二爻の孫の辰と四爻の孫の未の二つで両現としました。二爻の孫の辰は月建より比和し日併して旺相しますし、四爻の孫の未は月破し力は無いのですが、日辰より比和して旺相していますので忌神として選択します。このように忌神を両現で取るのは、辰は月建より比和し、未は月破するというような不安定さがあるので両現としました。忌神としては、不安定さはあるものの旺相して力があり、用神を完璧に抑えることが出来ます。

用神が伏して、原神も伏して空亡なのは凶象です。三神で用神弱く、原神弱く、忌神が強い場合の恋愛占では、応期は早く来るというように見ます。

・応期

用神の伏する亥はそのままの支「値」で見ますので「**亥**」となりますし、卦身の二爻の孫の辰は静爻なので、静は冲を待って「**戌**」になります。そして「値」でも見ますので、それぞれ「**亥**」と「**戌**」と「**辰**」となります。

応期としては先ずは亥、戌、辰になりますが、この占事をしたのが丑月(一月)であり、時期は占断から「早い」と見ます。月で判断しますと、辰(四月)では応期として早すぎるので、次の年の辰月として考えます。年内とすれば、戌月(十月)か、亥月(十一月)で考察していきます。亥月より戌月の方が早いので、戌月前後ということにすれば、九月を含む十月、十一月までを応期にすることが出来ます。

五爻の兄弟爻の巳はライバル(他の女性)というように見ますが、この兄弟爻に世爻がつくのは本人も知っている女性というようにも考えられます。この巳が動いて日月より休囚の回頭剋になって用神の官鬼爻の亥と爻冲するのは、既に終わった関係だとも言えますが気になるところです。二爻の忌神の辰に卦身がつくのは、本人がこの男性に対しての愛想が尽きているということでもあります。

用神が伏して弱く、原神は空亡しますので長くは続きません。忌神は不安定ながらも力を発揮して伏した用神に圧力を掛けます。世爻に兄弟爻が付いて、伏する用神の官鬼爻の亥と爻冲するのは、決して縁がない訳ではありませんが、このように世爻が兄弟爻を持って用神の官鬼爻と爻冲するのは三角関係を暗示させられるものです。

日月からの作用などを総合的に判断して、付き合っている男性とは別れられるというように占断しました。応期は年内早くて九月です（九月の節入り以降）。

〔占題二十八〕

占的　手術で出来た顔の内出血はいつ頃完治するか、もう三週間目に入った。

甲辰月　乙丑日　空亡〔戌亥〕　本卦〔風水解〕之卦〔沢雷隨〕27→32

〔ポイント〕

・用神は六親五類の何になるのかを占的から考えて下さい。
・動いている爻については、日月からの作用をよく考えて下さい。
・いつ変化があるのかという応期を考えて下さい。
・三神で動いている爻があれば、最後に爻冲・爻合の有無を調べて下さい。

《占題二十八・占断》応期断法・虚一待用

占的　手術で出来た顔の内出血はいつ頃完治するか、もう三週間目に入った。

甲辰月　乙丑日　空亡〔戌亥〕　本卦〔雷水解〕　之卦〔沢雷随〕　27→32

土　土

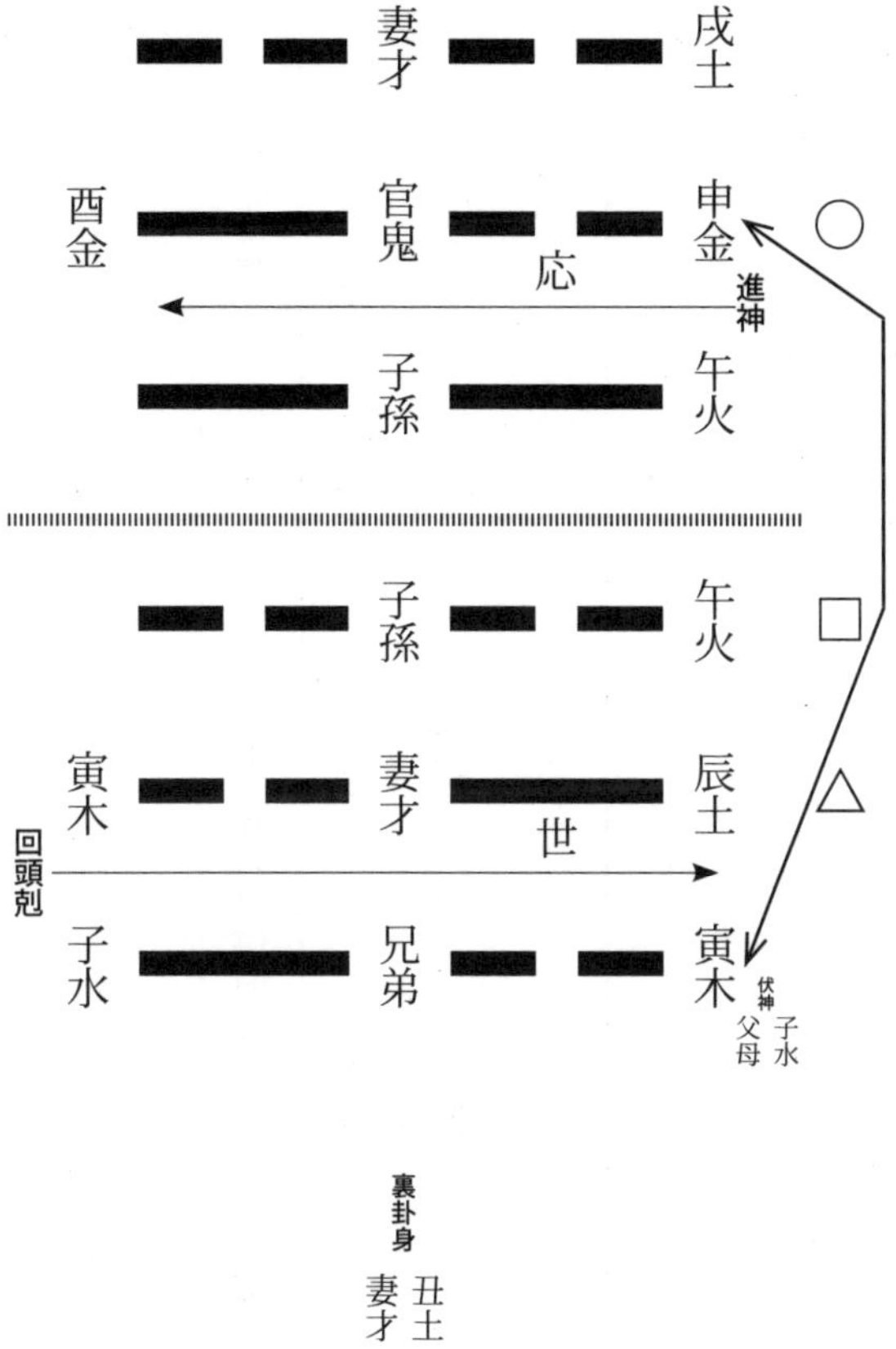

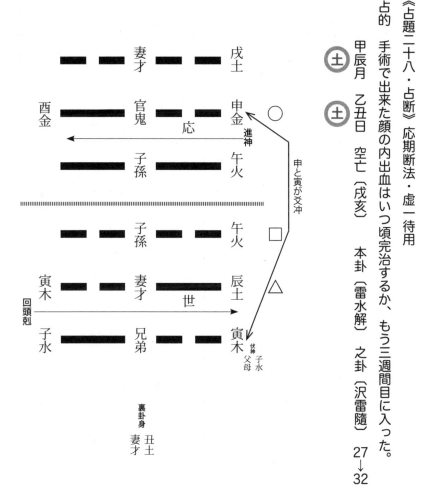

用神は（官鬼爻）

本人にとっては具合の悪いのは災いになりますので、官鬼爻が用神となります。

各神	各神の位置	月建からの作用	日辰からの作用	その他の作用
○用神	五爻の官の申	旺相（生）	旺相（生）	進神
△原神	二爻の才の辰	旺相（月併）	旺相（比和）	回頭剋
□忌神	三爻の孫の午	休囚	休囚	なし

占断

用神の五爻の官の申は日月より生じられて旺相し、動いて進神し力付いて勢いがあります。原神の二爻の才の辰は、月併し日辰より比和して力を得ますが、動いて化爻の寅の（木）から辰（土）は剋されて「日辰変壊」となりますので、全く力が無力と化しました。官鬼爻は「災い」の意になりますので、このような占的の場合には、原神が無力となるのは吉象だと捉えます。忌神の三爻の子孫爻の午は動かず、日月より休囚し弱いので、用神に対抗する力はありません。

この占題の場合、用神の官鬼爻の申だけに力があって旺相している状態です。幸いなことに原神の力が無いので、原神を意味するところの継続性を考え合わせると、一過性の症状が出ていると判断されます。

次にいつ変化があるのかという応期を出していきます。

・応期

用神の官鬼の申が動いていますので、合する時で「**巳**」、裏卦身は才の「**丑**」になっていますので、冲を待つ時で「**未**」となります。後は「値」として、用神の「**申**」と裏卦身の「**丑**」になります。

応期としては、巳、未、申、丑のこの四つの支が応期として考えられますが、用神に勢いがありますので、日より月で考察します。既に二週間は経っているようですから、占事た辰月（四月）から考慮して、次月となる巳月を応期にするのが妥当ではないかと占断しました。

二爻の世爻が妻才爻の原神を持って動いて、初爻の仇神と同じ寅の兄弟爻と化します。才がつきますので化粧用クリームでも塗っているのでしょうか（才には「女性用雑貨」の意があります）。初爻にも同じ寅の兄弟爻がありますが、この寅が五爻の用神の官鬼爻の申と爻冲します。初爻の仇神の寅は動いて回頭生となりますが、日月からは弱く、用神の官鬼爻の方に勢いと力がありますので、症状を抑える為の何の効果も期待出来ないことを表しています。

日月からの作用で、用神は強く、原神は弱く、忌神も弱いというように判断されますので、この内出血も一時的に悪化しているだけのことで、自然に完治していくものと判断しました。応期は巳月として、次月に入れば変化が出るのではないかと占断しました。

第三十五章　空亡（旬空）

空亡（旬空）とは、暦にある六十干支の一旬で、支が十二支あって干が十干ありますので、日の支と干を組み合わせていきますと二つ余ることになります。これを空亡（くうぼう）、または旬空（じゅんくう）と言います。

＊空亡の出し方

二五四頁の「六十干支表」から空亡は簡単に割り出せますが、次のような割り出し方もできます。

・例

壬寅日の場合

十二支	寅	卯	辰	巳
	ー	ー	←	←
十干	壬	癸	？	？

庚申日の場合

十二支	申	酉	戌	亥	子	丑
	ー	ー	ー	ー	←	←
十干	庚	辛	壬	癸	？	？

右の例のように、当該日の十干と十二支を横並びにして、順番に十干と十二支を並べていきます。上巻でも説明しましたように、十干の順番では必ず最後が「癸」になります。その後の二つが余りになりますので、壬寅日の場合は「辰巳」が、庚申日の場合の場合は「子丑」が空亡となるのです。

空亡の意味としては、何か空虚で、無気力で、ぼんやりしていて間が抜けているというように、しっかりしていない状態の感じとなります。身命占では世爻が用神となりますが、「やる気がなくぼんやりしていますね」というように判断出来ます。

＊「空亡ならず」について

先ほど例に出しました空亡の「辰巳」ですが、得卦した爻で、三神の中に静爻で辰、または巳があれば空亡になる可能性があるわけですが、空亡にならない場合もありますので、ここで確認しておきたいと思います。

＊空亡ならず＝空亡にならないこと

①無用の空亡…日月のどちらからも休囚して弱い場合に「無用の空亡」、「真空」と言い、全くの無力となります。

②有用の空亡…これが「空亡ならず」のことで、空亡の支ではあっても日月から旺相している場合には

空亡にはなりません。

また、日辰から合・冲の作用のある場合にも「空亡ならず」となります。

・日辰から、静爻で空亡になっている支を「合」した場合には「合実」といって、空亡にはなりません。

・日辰から、静爻で空亡になっている支を「冲」した場合には「冲実」といって、空亡にはなりません。

よって、用神、各神が静爻で空亡であっても、日辰からの合冲によっては「空亡ならず」となりますので注意が必要です。

また、応期の判断として、用神が空亡の場合には、「値」で判断していくこともあります。

〔占題二十九〕

占的　池袋寄りの店舗に移転したいがどうか。

乙亥月　丙寅日　空亡〔戌亥〕　本卦〔巽為風〕　之卦〔乾為天〕　33→1

〔ポイント〕

・用神は六親五類の何になるのかを占的から考えて下さい。
・動く用神が二つ出ていますが、どちらにするのか良く考えて下さい。
・動いている爻については、化爻からの作用の有無を考えて下さい。
・世爻には六親五類の何がついているのかをよく見て下さい。

《占題二十九・占断》（生剋爻冲・爻合がない）

占的　池袋寄りの店舗に移転したいがどうか。

乙亥月　丙寅日　空亡（戌亥）　本卦（巽為風）　之卦（乾為天）　33→1

土　木

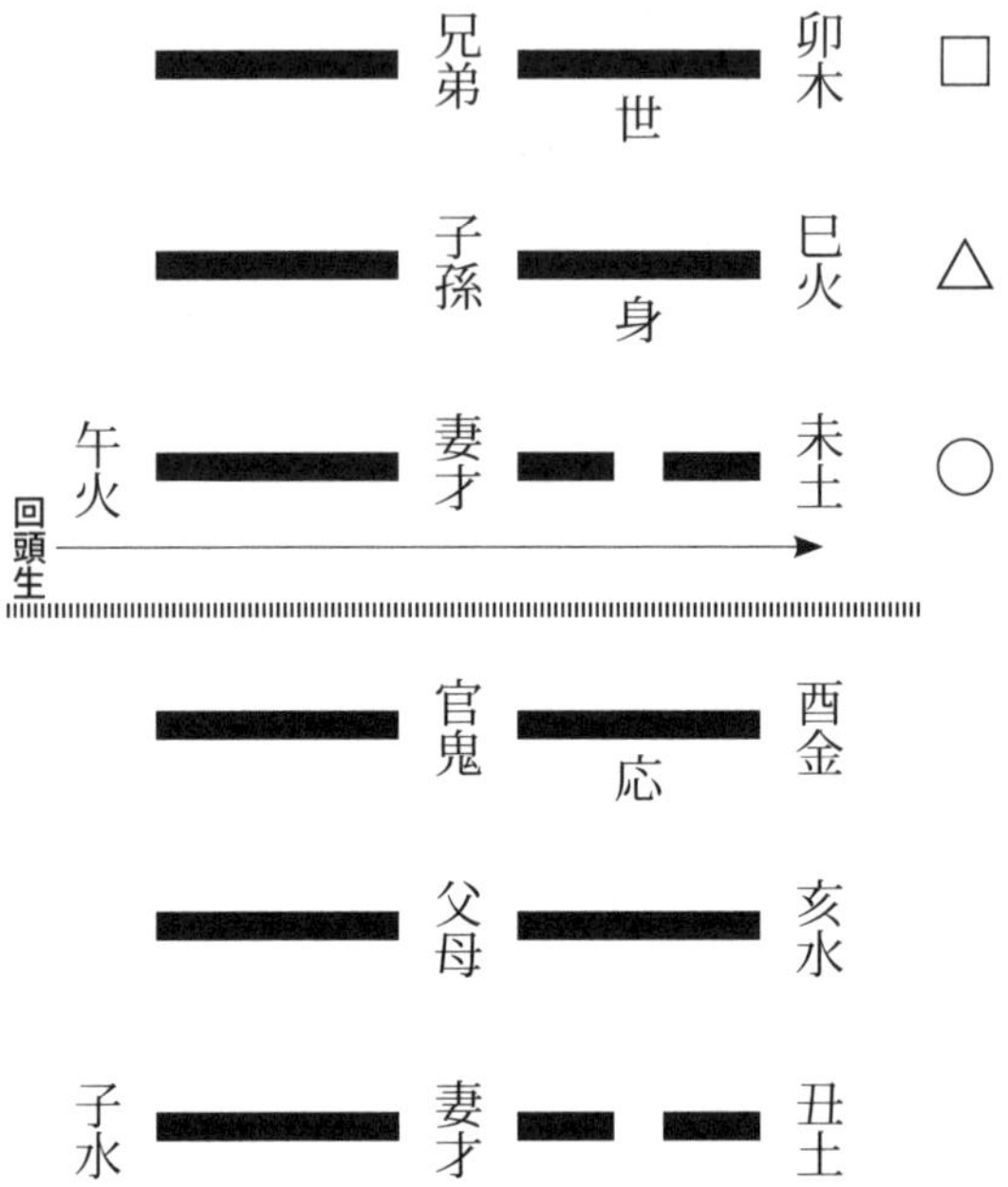

用神は（妻才爻）

店舗を移転するということは、さらなる利益を追求するということなので、求才占となり、用神は妻才爻となります。

各神	各神の位置	月建からの作用	日辰からの作用	その他の作用
○用神	四爻の才の未	休囚	休囚・剋	回頭生
△原神	五爻の孫の巳	冲（月破）	旺相（生）	なし
□忌神	上爻の兄の卯	旺相（生）	旺相（比和）	なし

占断

用神と成り得る爻が初爻の妻才爻の丑と、四爻の妻才爻の未の二つで出現しています。どちらの爻も動いていますので、どちらを用神にするのかと迷いますが、四爻の才の未の方が、動いて午に化して回頭生の作用となっています。このように二爻とも動いている場合には、どちらを取るのか迷うものですが、初爻の才の丑と四爻の才の未とは、日月からの作用が同じ結果となりますので、回頭生の作用のある〔未土〕を特徴のある爻として選択しました。

用神の四爻の才の未は、日月から弱く休囚し、日からは剋されています。動いて化爻の午から回頭生の作用を受けますが、日月からの元の力がありませんので、後から来る力であっても過小のことになります。原神の五爻の孫の巳は動かず、月破して日辰より生じられて旺相します。上爻の忌神の兄の卯は月建より生じられ、日辰より比和しますので、動きませんが旺相して力を発揮します。

用神の才の未が動いて勢いはあるのですが、日月から弱いのは財運としては全く良くありません。原神の孫の巳に卦身がつくのは、本人にやる気があるということですが、卦身ですので「それ程のことではない」ということです。忌神の兄弟爻の卯に世爻がつくのは、本人の迷いが表れているのでしょうか。静爻で動きがないのも今一つ積極的ではないというようにも考察されます。世爻に兄弟がつき日月から旺相するのは、兄弟爻には「損失」の意味がありますので凶象です。また、用神の才爻の未と、世爻の卯との関係がありませんので、財運が世爻（本人）に付かないということにもなります。これは、才の未が動きますが、この未（土）から世爻の卯（木）への生剋合冲の作用が無いということです。これによって、更に財運のないことを確認することになります。

日辰に兄弟爻を帯類するのは、損失を暗示させられるものです。世爻が忌神を持ち、日辰と同じ兄弟爻を持って旺相するのは、財運の乏しいことを示唆するものです。

また、二爻の父母爻の亥が月併しているのが気になるところですが、亥は動かず月併して日より合起して旺相しています。父母爻は「店舗」という意味にも取れますので、旺相しているのは良い物件だと判断されますが、本人（相談者）の「心労」も表しているものでもあります。以上の判断から占断としては凶としました。後日談で、賃貸物件としては良かったが、物事がうまく運ばなかったということでした。

・財運について

財運を見る場合には、日月からの判断だけで見るのではなく、世爻（本人）と才爻との関連性の有無を見て狭く判断していきます。世の中は、そんなにうまく簡単に財運を掴めるような仕組みにはなっていません。財運を占断する場合には、厳しく見ていくことがポイントです。

＊恋愛占

〔占題三十〕

占的　遠距離恋愛だが、相手の男性が浮気をしていないかどうか。

戊申月　甲戌日　空亡〔申酉〕　本卦〔沢天夬〕　之卦〔天火同人〕　54→48

〔ポイント〕

・用神は六親五類の何になるのかを占的から考えて下さい。
・動いている爻については、日月からの作用をよく考えて下さい。
・世爻のライバルとなる兄弟爻も日月からの作用の判断にします。
・世爻と用神との関係、仇神との関係も見て下さい。

＊恋愛占

《占題三十・占断》応期断法・有用の空亡

占的　遠距離恋愛だが、相手の男性が浮気をしていないかどうか。

戊申月　甲戌日　空亡〔申酉〕　本卦〔沢天夬〕　之卦〔天火同人〕　54↓48

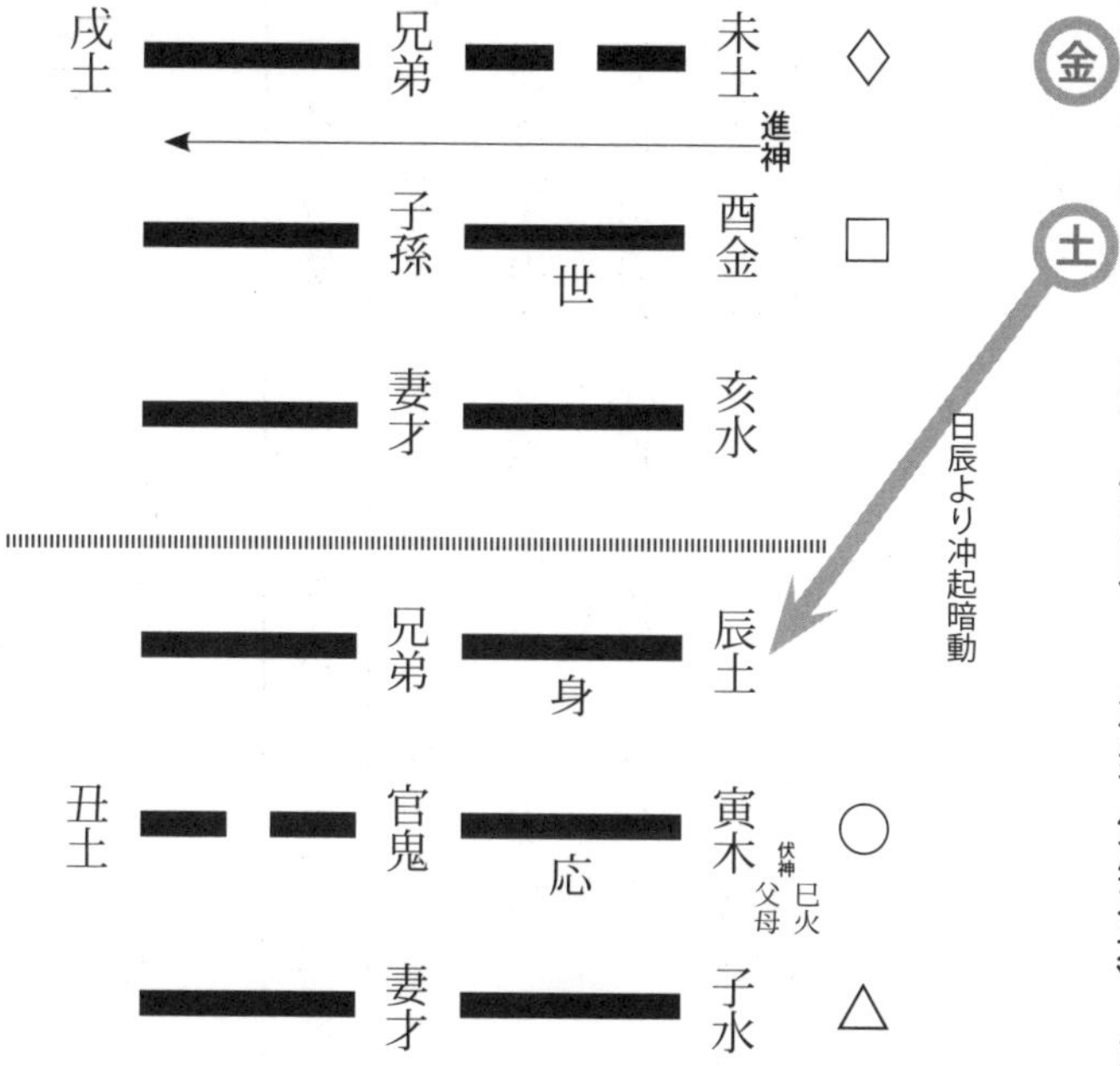

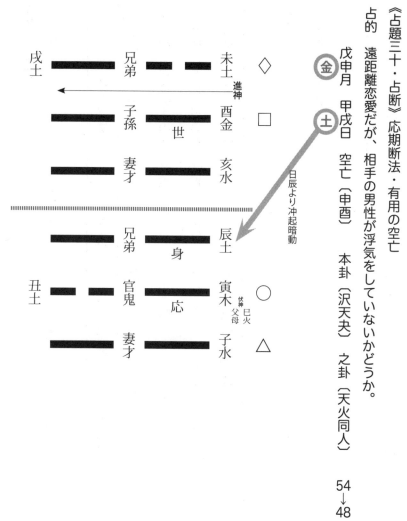

用神は（官鬼爻）

女性からの恋愛相談なので、官鬼爻が用神となります。

各神	各神の位置	月建からの作用	日辰からの作用	その他の作用
○用神	二爻の官の寅	冲（月破）	休囚	なし
△原神	初爻の才の子	旺相（生）	休囚・剋	なし
□忌神	五爻の孫の酉	旺相（比和）	旺相（生）	空亡ならず
◇仇神	上爻の兄の未	休囚	旺相（比和）	進神

占断

用神は二爻の官鬼爻の寅で、月破して日辰からも休囚しますので、全く力がありません。原神の初爻の妻才爻の子は月建からは生じられ力を得られるのですが、日辰より休囚して剋され、月建のみの力で用神を支えようとしますが、用神は全くの無力なので支えようがありません。忌神は五爻の孫の酉で、動きませんが、月建より比和して日辰より生じられて旺相しています。酉は静爻となっていますので、空亡になるところですが、このように日月から旺相している場合には空亡にはなりません（空亡ならず）。

生かされるということで「有用の空亡」になります。

男女間の問題を見る場合には、必ずライバルとしての役目のある兄弟爻も見ていきます。兄弟爻は三爻の辰にも見られますが、動いている方に勢いがありますので、上爻の兄弟爻を仇神としました。上爻の兄弟爻の未は月建より休囚しますが、日辰より比和して力を得て、動いて未から化爻である戌に進神して一段と勢いが付きます。

二爻の用神の官の寅は動き勢いはあるのですが、日月から弱く全く力がありませんし、その用神を支える原神も月建からのみの力なので、恋愛としては難しい状況にあると判断されます。忌神の孫の酉に世爻がつくのは、相手の男性に嫌気が差しているということを暗示させられるものです。肝心の用神である官鬼の寅は動きますが、寅と世爻（本人）の酉との爻冲、爻合といった関連性がありませんので、縁がないと判断します。益々心配です。

兄弟爻は、爻上では二つ出現していますが、仇神は上爻の動いている方で取りました。この三爻の兄弟爻は動きませんので勢いには欠けるのですが、卦身がつき日辰より冲起暗動して旺相するのが、少し気がかりなことです。卦身がつくというのは、本人の知っている女性というようにも考えられます。辛うじて兄弟爻の上爻の未と三爻の辰とが、それぞれ用神である寅との爻冲・爻合のないことに救われます。

日辰に兄弟爻を帯類し、爻上に二つの兄弟爻が出現するのは、女性関係が華やかであるというようにも考察されますが、用神との関連性がこの二つの兄弟爻にはありませんので、女性に囲まれているとはいえ、浮気ほどのことは無いと占断しました。

気になりましたので、本人（相談者）に男性との連絡が疎遠になっているのではないかと断じましたところ、そのような返事を頂いた次第です。次に、いつ変化があるのかということで応期を出していきます。

・応期

用神の官の寅は動いていますので、合する時で「**亥**」、卦身は三爻の兄の辰が静爻なので、静は冲を待って「**戌**」になりますが、辰は日辰からの作用で既に冲していますので、「冲は合を待つ」の理論を優先し、「**酉**」とします。「値」は「**寅**」と「**辰**」になりますので、亥、酉、寅、辰の四つの応期が考えられます。

日月の作用から用神弱く、原神少し強く、忌神が強いと判断しましたので、変化は早いと見て、月で考えていきます。占断したのが申月なので、早ければ酉月（九月）前後となりますが、亥月（十一月）を考慮して年内というように判断しました。後日、相談者からの話では、浮気は無かったということですが、男性とのお付き合いが難しくなっているということでした。

【ポイント】

本占題のように、応期の出し方に、二つの要素がからまっている場合があります。一一〇頁「＊応期のまとめ」でいえば、〈①卦身が静爻→応期は冲する支〉、〈④卦身が冲散→応期は合する支〉のふたつです。すなわち、卦身の三爻の兄の辰は静爻なので、静は冲を待って「**戌**」になりますが、三爻の兄の辰は日辰からの作用で既に冲起暗動していますので、応期の基本原則に戻し、冲は合を待って「**酉**」となる、ということです。

この場合では、「**戌**」を取ると、日辰と同じ「戌」になり、選択肢が拡がりません。すなわち、用神の官の寅が動爻なので、「動は合を待つ」から、「**亥**」月を中心として、左記のように「戌 - 亥 - 子」を応期とします（クライアントには、前後月を加えて応期を伝えます。上巻一八五頁参照）が、すでに戌月が含まれるので、重複してしまうということです。

占断月
申　酉　［戌　**亥**　子］　丑　**寅**　卯　**辰**　巳　午　未

そこで、このケースでは、「冲は合を待つ」の理論を優先し、「**酉**」としました。

第三十六章　占事推断法

実占において、クライアントが黙して、その目的・主旨、その他の情報を話さない時に対応する策として、「占事推断法」という理論があります。身命占を占断する場合などには吉凶判断としてのポイントにもなりますし、目的占として占断する上でも大いに活用できる占断法です。

たとえば、日辰帯類法は、クライアントが目的を伏せて占断を行ってほしいという場合に、占事推断法の一つとしても活用できます。ある女性が、その占いの目的を告げずに吉凶判断してほしいという依頼があり、日辰に官鬼爻が帯類していた場合、男性との恋愛の行く末を知りたいのでは、という判断ができます（上巻七六頁参照）。

＊占事推断のポイント

①世爻に六親五類の何を持って帯類しているのか。
②世爻が動いていれば何に化したか、化爻は六親五類の何を持っているのか。
③世爻に伏したものには何が（六親五類）伏しているのか（占事に関連する場合がある）。
④伏神は六親五類の何に伏しているのか。例えば初爻の父母爻に伏していれば、父母爻に伏していると

いうこと。

⑤日辰に六親五類の何が帯類しているかで、占事が分かる場合がある。

⑥独発した爻（五爻が全て静爻で一爻しか動いていない爻のこと）はよくみる。独発した爻は六親五類の何を持っているのかを、日辰からの作用を併せてよくみる。

⑦卦身、裏卦身は自分の分身である。卦身、裏卦身は六親五類の何を持っているのか。

⑧卦身、裏卦身との爻冲、交合はあるのかないのか。

⑨動いている爻との、用神、原神、忌神との爻冲、爻合があるのかないのか。

⑩動爻からの爻冲、爻合は最後に関連性として見ていく。

(A)世爻と同じ六親五類が日辰に帯類していたり、(B)独発の動爻が世爻と爻冲、爻合したり、独発の世爻が、爻冲、爻合する場合、または(C)伏神したものが日辰と同じ支である場合などは、神機が出ているとして、占事の推断が明確に出来る場合もあります。

※伏神の支が日辰と同じ支である場合、これを「提抜」（ていばつ）と言います（上巻一〇五頁「伏したものが日に出る」参照）。

☆日辰帯類法による占事については、巻末の「用神分類」を参照しながら類推していって下さい。

(B) 独発の動爻

〔例題・求財占〕用神独発で世爻と爻冲のある例・忌神静爻で両現

占的　個人事業主として今後仕事をしてどうか。

乙卯月　乙巳日　空亡〔寅卯〕　本卦〔雷天大壮〕　之卦〔雷風恒〕　53↓28

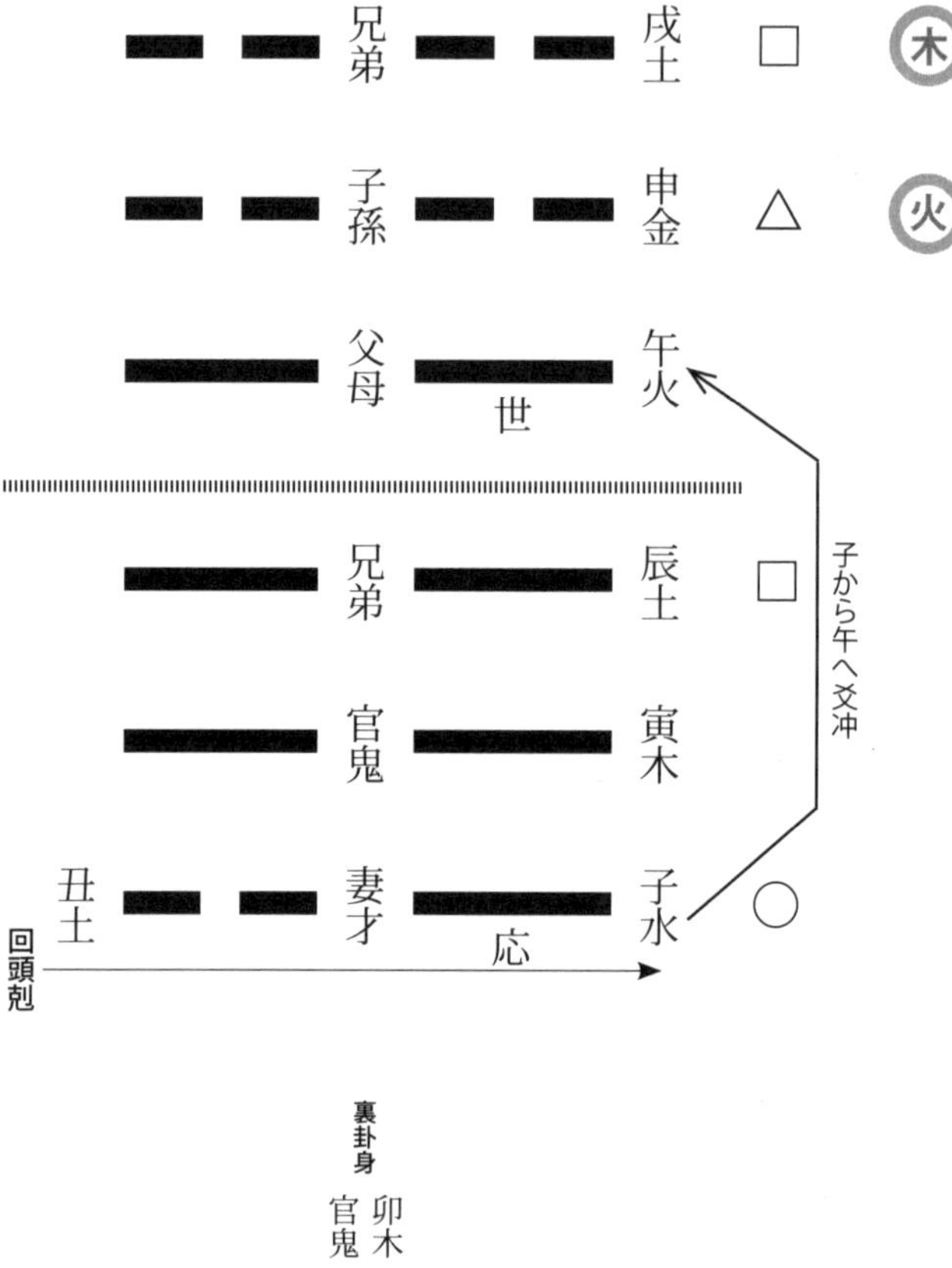

用神は（妻才爻）

自営での財運については妻才爻が用神になります。

各神	各神の位置	月建からの作用	日辰からの作用	その他の作用
○用神	初爻の才の子	休囚	休囚	回頭剋
△原神	五爻の孫の申	休囚	合起	なし
□忌神	三爻の兄の辰	休囚・剋	旺相（生）	なし
□忌神	上爻の兄の戌	月合	旺相（生）	なし

忌神両現

占断

用神の初爻の才爻の子は、動いて勢いはあるのですが、日月より休囚して力が無く、動いて化爻より回頭剋の作用を受けて、駄目押しの無力となりました。原神の五爻の孫の申は動かず月建より休囚しますが、日辰より合起して力を得ます。忌神の五行の（土）には、三爻の兄の辰と上爻の兄の戌の二つの爻が候補となります。どちらか一方に決めるとなると、用神の才爻の子が内卦にありますので、同じ内卦にある兄の辰を取るという考え方もありますが、三爻の兄の辰は月建より休囚で剋され、上爻の兄の戌は月建より月合し力を得るというように、双方に月建からの力の差が見られ、変化のある爻が二つ出現していますので、忌神は三爻の兄の辰と上爻の兄の戌の双方で、両現としました。

用神は日月より弱く、原神は日より合起して力を得て用神を助けようとしますが、用神が動いて自滅しますので、原神の力は無駄骨です。忌神が両現し、月建より不安定な力を表しますが、日辰より生じられて力を得ています。忌神の兄弟爻が日から強いのは、兄弟爻の損失の多さを表しますので、財運としては良くありません。

日辰には五類の父母爻が帯類し、四爻の世爻（本人）にも同じ父母爻がつき、比和して旺相しています。父母爻には心労の意味がありますので、本人に苦労が多いことを暗示させられるものです。また裏卦身の官鬼の卯が空亡していますが、官鬼には仕事という意味もありますので、官鬼爻が空亡するのは心配なことです。

初爻の才爻の子が独発、一爻変化して動いて、四爻の父母爻の世爻の午に爻冲します。才爻が動いて、世爻に爻合や爻冲したりすることを、古典では「物来て我に就く」（物来就我）と言って、世爻（本人）に物（用神）が就けば物事がうまく運ぶというように解釈します。黙って座って待っていれば、財運が頭上から降ってくるというような感じでしょうか。財との縁があると捉えて吉象とします。

このように世爻は吉象を表してはいるのですが、肝心の用神の才爻の子が日月より全くの無力で、動いて回頭剋の作用を受け撃沈しますので、いくら「物来て我に就く」の象意があってもどうしようもないです。占断としては凶としました。

この占的では、吉象が出現しながら、凶の判断が出てしまった例ですが、どんな占断であっても、日月からの作用が優先します。また凶象での占断が出た場合には、より良いアドバイスで相談者を激励できるように、言葉の持つ力について、日々積重していくことが大切かと思います。

＊「用神独発で世爻と爻冲のある例」の占例では、一爻のみが動くという卦を得卦した場合によるもので、頻繁に出現する卦ではありません。ですから「神機が出た」という表現をよく使うことがあります。一爻のみ動いて変化するということは、特殊作用が少なく、爻冲・爻合があるとすれば、一つしか動かない訳ですから、とても判断しやすい卦であると言えます。判断する箇所が少なくなればそれだけ、はっきりとした占断が出来るというものです。そのような考えもあって、独発、一爻変化の卦を得ると「神機が出た」と、思わず声が出てしまうのですが、未来予測における、確かな何かを指し示す爻姿を得卦するのは、占者にとっても好機となります。

この占例では、用神の才爻が世爻に爻冲するケースで特異な得卦となりますが、その特殊性を理解し慣れてくれば、占断はむしろ容易くできる卦だと考えます。

＊結婚占

〔占題三十二〕

占的　この女性と結婚出来るかどうか。

戊辰月　甲寅日　空亡〔子丑〕　本卦〔風雷益〕　之卦〔雷風恒〕　36→28

〔ポイント〕

・用神は六親五類の何になるのかを占的から考えて下さい。
・動いている爻については、日月からの作用をよく考えて下さい。
・特殊作用の有無もよく見て下さい。
・世爻と用神との関係をよく見て下さい。
・最後に爻冲、爻合の有無を確認して下さい。

＊結婚占

《占題三十一・占断》尽発　内卦・外卦爻合住……八方塞がりの卦

占的　この女性と結婚出来るかどうか。

戊辰月　甲寅日　空亡〔子丑〕　本卦〔風雷益〕　之卦〔雷風恒〕　36→28

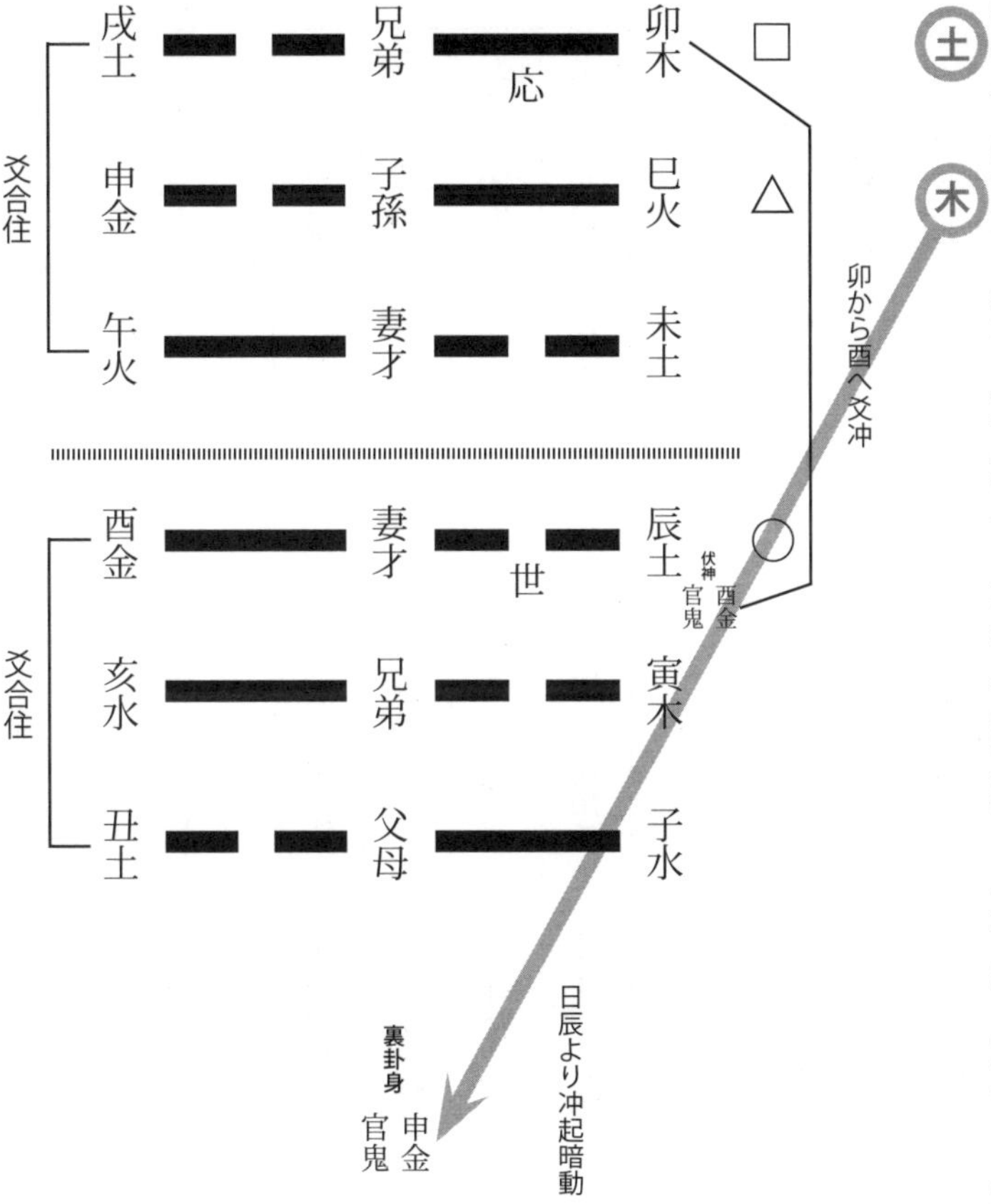

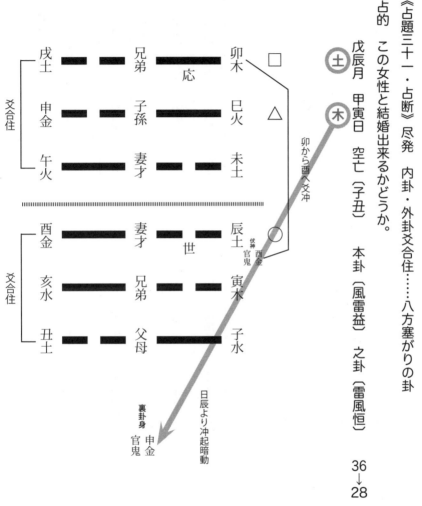

用神は（妻才爻）

男性からの恋愛問題で女性を見る場合には、妻才爻が用神となります。

各神	各神の位置	月建からの作用	日辰からの作用	その他の作用
○用神	三爻の才の辰	旺相（月併）	休囚・剋	内卦爻合住
△原神	五爻の孫の巳	休囚	旺相（生）	外卦爻合住
□忌神	上爻の兄の卯	休囚	旺相（比和）	外卦爻合住

占断

六爻が全部動く卦を得卦しました。これを「尽発」と言います。用神は四爻も候補になりますが、世爻が付く三爻を用神とします。

用神は三爻の才の辰で、月建から月併して旺相しますが、日辰より休囚で剋されますので、万全の力は得られません。原神の五爻の孫の巳は、月建より休囚されますが、日辰より生じられて力をつけます。忌神の上爻の兄の卯は、月建より休囚して弱いのですが、日辰より比和して旺相します。この三神では用神だけが月より旺相するのみで、原神、忌神は共に日辰より旺相します。力関係で考えますと、用神が日辰より力を得られず、月からの30％程の力しかありませんので良くありません。また、この爻姿を見ても分かるように、内卦爻合住、外卦爻合住の中に三神があるのは、いくらこの三神が日辰より旺相していても凶の相を表すものです。

爻合住については、上巻で既に解説済みですが、「合住」とは物事が進んでいるところに突然停止が掛かるというような凶象を表します。

内卦で本爻の三つのそれぞれが化爻との合を形成し、外卦でも同じように三つの爻が化爻と合の関係を形成するのは、内卦、外卦の六爻の全ての動きが途中で止まってしまった状態と言えます。この得卦における内卦爻合住、外卦爻合住の様態は、八方塞がりの状況を表すものです。動くに動けないというように、阻まれた状態を示し、作用は凶象として捉えます。

三爻の才の用神に世爻（本人）が付くのは、この女性を気に入っているのでしょう。この妻才爻（女性）が動いて酉の官鬼爻に化します。この同じ酉が三爻の世爻の下で伏する官鬼爻となっていますが、これをどのように考えるかです。酉に六親五類の官鬼爻がつくのは、世爻（本人）が動けば色々と困難のあることを暗示させられるものです。伏する官鬼爻の酉は上爻の兄弟爻の卯から爻冲されますが、兄弟爻は世爻（本人）にとってはライバルになりますので、この兄弟と官鬼の酉が爻冲するというのは、この女性とのことで動けば、ライバルである男性とのトラブルに巻き込まれる可能性のあることを示唆するものです。結婚までには色々な問題が待ち構えているように推測されます。

日辰の寅に兄弟爻が帯類するのは、この女性に世爻（本人）以外の男性の存在を暗示させますが、何れにしても世爻に用神の才が付いて、動けばその三爻に隠れる同じ官鬼爻の酉に変わるというのは、本人の努力をかなり必要とする結婚問題ではあります。以上より、この結婚がうまくいく可能性は少ないと判断しました。

次に、いつ変化があるのかということで応期を出していきます。

・応期

三爻の用神の辰は、爻合住の作用の中にありますので、「合は冲を待て」の理論に従って辰が冲するのは「**戌**」となります。裏卦身の官の申は日辰より冲していますので「冲は合を待て」より、申が合するのは「**巳**」になります。後は用神の値である「**辰**」、裏卦身の値である「**申**」ということになります。戌、巳、辰、申のこの四つの支が候補に挙がりました。

占断から判断しますと、凶相を呈した作用の中にありますので、時期は早いというように見て、月で考えていきます。辰月に占事ていますので、巳月（五月）前後であれば六月も入りますし、少し先と考えれば申月（八月）前後になります。その中間を取って七月までに何かの変化があるというように判断したので、応期は申月前後としました。

＊失脱占

〔占題三十二〕

占的　本を紛失したが家の中から見つかるか。

丁未月　壬午日　空亡〔申酉〕　本卦〔火地晋〕　之卦〔火地晋〕　7→7

〔ポイント〕

・用神は六親五類の何になるのかを占的から考えて下さい。

・日月からの作用をよく見て下さい。

・空亡の有無を見て下さい。

＊失脱占

《占題三十二・占断》尽静の卦（六爻の全部が静爻の卦）

占的　本を紛失したが家の中から見つかるか。

丁未月　壬午日　空亡（申酉）　本卦（火地晋）　之卦（火地晋）　7→7

㊏　㊋

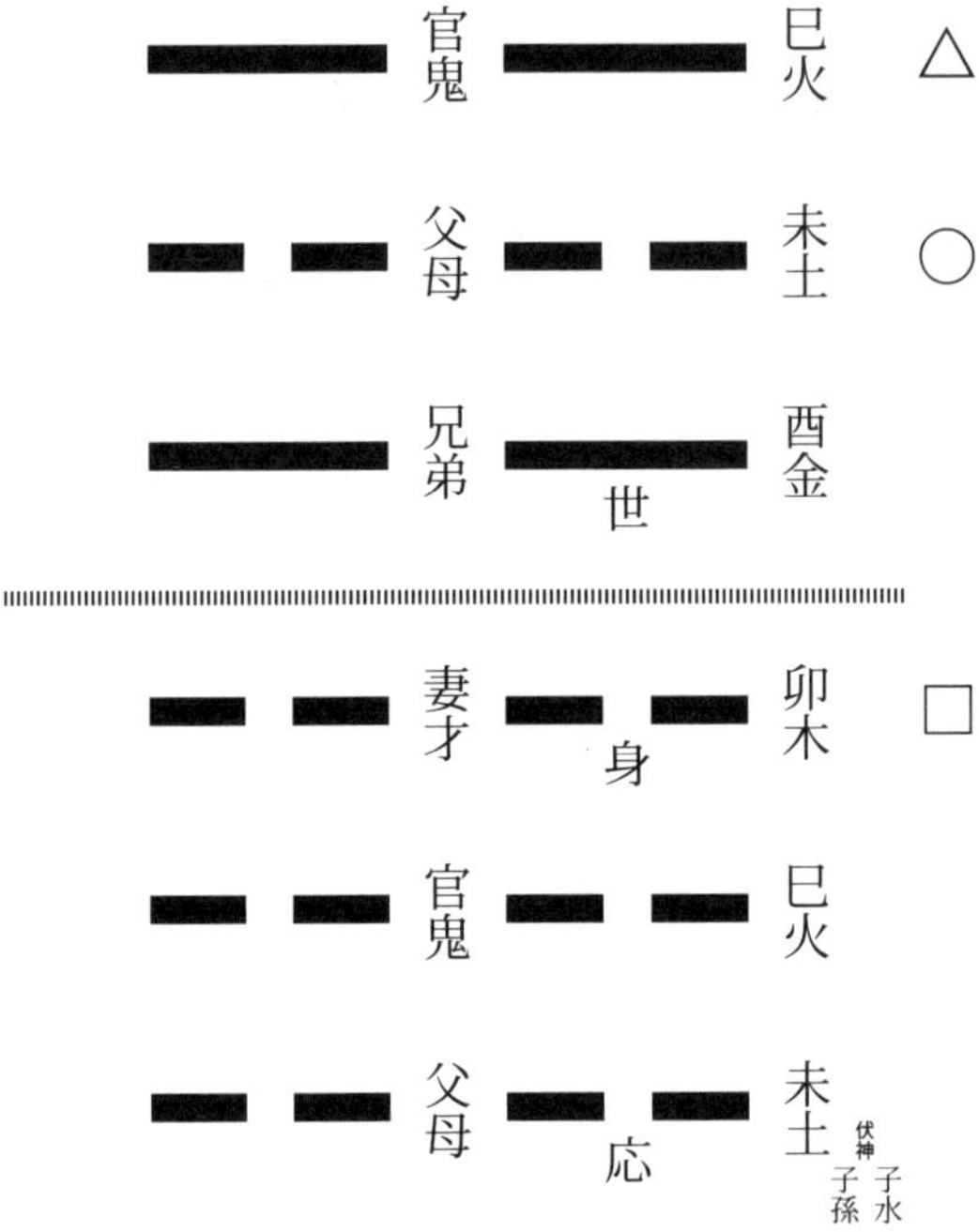

用神は（父母爻）

探し物が本なので、父母爻が用神となります。

各神	各神の位置	月建からの作用	日辰からの作用	その他の作用
○用神	五爻の父の未	旺相（月併）	合（合起）	なし
△原神	上爻の官の巳	休囚	旺相（比和）	なし
□忌神	三爻の才の卯	休囚	休囚	なし

占断

父母爻が用神となるのは初爻と五爻、二つありますが、五爻の方がより世爻に近い位置にあるので、五爻を用神としました。

六爻が全く動いていない卦を得卦しました。これを「尽静」と言います。用神の五爻の父の未は月建より月併して日辰より合起し、旺相しています。原神の上爻の官の巳は、月建より休囚しますが、日辰より比和をして旺相しますので、用神の父の未を支えるには十分です。三爻の忌神の才の卯は、日月より休囚しますので、用神を潰す力はありません。日月からの力加減を見ますと、用神は非常に強く原神も強く、忌神は弱いというように解釈できますので、象意としては吉となります。

この日月の作用から、占的の内容による本は、家の中から見つかる可能性があると判断しましたが、忌神の才の卯に卦身がついているので、本人（世爻）にやや諦めの様子が伺えるものです。四爻の世爻（本人）が動かず空亡するのも、本人に探す気持ちが失せているようにも捉えられます。

次にいつ頃変化があるのかということで応期を出します。

・応期

用神の父の未は静爻なので、静は冲を待って「**丑**」、卦身の卯も静爻ですので、卯が冲する「**酉**」、そして値は用神の「**未**」、卦身の「**卯**」となります。応期は丑、酉、未、卯の四つの支で検討していきます。

用神と原神が強いので早く見つかる、というように判断しましたので、日で考えていきます。占事た日が午日なので、午から数えていきます。早ければ酉日前後ぐらいに本が見つかる可能性もありますが、本人（世爻）が静爻で動きませんので、もっと積極的に探して頂きたいものです。探さないと見つかる物も見つかりません。世爻（本人）は空亡していますし、何かぼんやりしている感じがします。的外れな場所を探しているのでしょうか。

このケースでは、本は家の中にあるだろうというように、本人からの予めの情報がありましたので、用神と世爻との関係ということより、日月からの作用だけで判断しました。

家の中での探し物は、見つかる可能性としては高いのですが、このように相談者からの情報が大事になってきます。もし外での紛失であれば判断はもっと狭く取って、本人との関連性があるのか、ないのかの判断も加えて占断していきます。

・尽静について

得卦した全爻が動かない静爻だけの場合を「尽静」（じんせい）と言いますが、八面体のサイコロを振るとよく転がって、二度振ることによって得られる卦は、本当に多種な卦が出現します。そのことからも尽静という特徴のある卦を得るということは、意味のある卦が出たということで、占事る方も緊張します。占術は、特徴のある突飛な事象が起きる方が判断しやすいのですが、このような卦を得ると、難しいと感じる反面、遣《や》り甲斐のある卦が得られたことに喜びさえ感じます。また各占的にあっては、この尽静の卦は研究対象にもなるかと思います。

＊家相占

〔占題三十三〕

占的　引っ越すマンションの家相はどうか。

戊寅月　辛丑日　空亡〔辰巳〕　本卦〔坤為地〕　之卦〔沢天夬〕　49→54

〔ポイント〕

・用神は財運と災いとの二つの内容で見ていきます。
用神は六親五類の何になるのかを占的から考えて下さい。

・動爻は日月からの作用をよく見て下さい。

・動いている爻との合・冲や特殊作用の有無を見て下さい。

・世爻と他の爻との関係を見て下さい。

＊家相占（財運と災いを中心に）

《占題三十三・占断》三合会局・独静の卦

占的　引っ越すマンションの家相はどうか。

木 戊寅月　土 辛丑日　空亡（辰巳）　本卦（坤為地）　之卦（沢天夬）　49→54

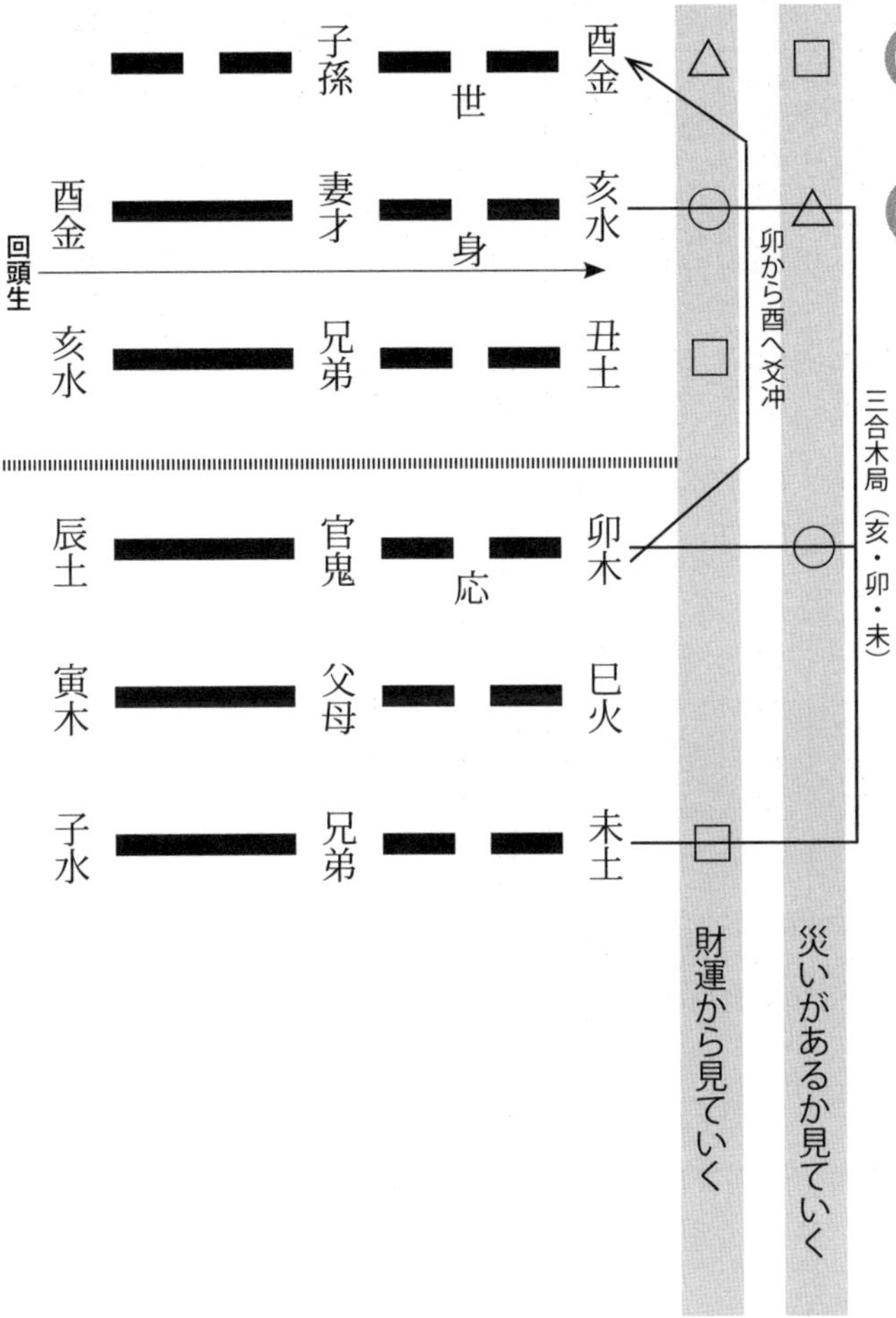

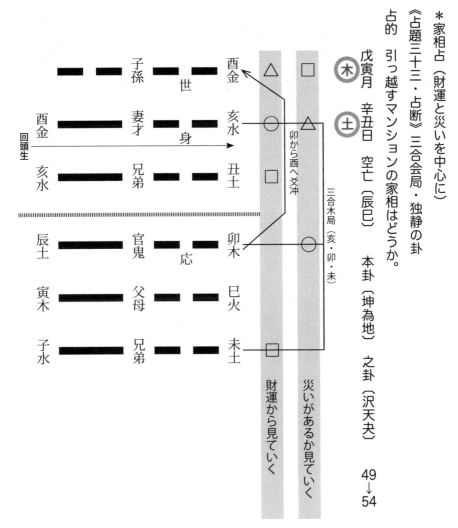

用神（妻才爻）（官鬼爻）

用神は二つで見ていきます。

用神（妻才爻）

まずは財運を中心に見ますので、妻才爻を用神とします。

各神	各神の位置	月建からの作用	日辰からの作用	その他の作用
○用神	五爻の才の亥	合（月合）	休囚・剋	回頭生
△原神	上爻の孫の酉	休囚	旺相（生）	なし
□忌神	四爻の兄の丑	休囚・剋	旺相（日併）	なし
□忌神	初爻の兄の未	休囚・剋	冲（冲散）	なし

忌神両現

用神（官鬼爻）

次に引っ越し先での災いはどうかということを見ますので、官鬼爻を用神にします。

各神	各神の位置	月建からの作用	日辰からの作用	その他の作用
○用神	三爻の官の卯	旺相（比和）	休囚	三合木局
△原神	五爻の才の亥	合（月合）	休囚・剋	回頭生
□忌神	上爻の孫の酉	休囚	旺相（生）	なし

占断

・妻才爻

妻才爻の用神は五爻の亥に卦身がつき、月から合されて力を得ますが、日辰からは休囚で剋されます。動いて回頭生での作用がありますが、日辰より休囚・剋されていますので、月建の力だけでは力量不足です。上爻の原神の孫の酉に世爻が付き、この六爻では唯一動かず、月建より休囚して弱いのですが、日辰より生じられて旺相します。忌神は、四爻の兄の丑と、初爻の兄の未が動いていますので、どちらか一方を選択する必要があるのですが、この忌神の場合には、丑と未が日辰からの作用で真逆の力量を見せていますので両現としました。丑が日辰より日併し、未が冲散しているという状況に注目したわけです。

忌神の四爻の丑も初爻の未も、月建より休囚・剋されて力はありませんが、四爻の丑は日併し、初爻の未は冲散します。両現した忌神の力が、一方は日併し他方は冲散するというような力を呈していますので、不安定さを表しています。

原神が日辰より旺相していますので、用神をバックアップしますが、忌神の不安定さは力を弱める原因となります。

用神の才の亥に卦身がつき、月建より若干の力がありますので、少しは財運のある可能性を示しています。日辰に兄弟爻を帯類するのは、「兄弟爻が強い」＝「損失が多い」という可能性を表すものですが、才が入っても出て行くというように、なかなか金運が身につかないというようにも解釈されます。世爻は動かず、原神の酉（金）の子孫爻を持ちますが、世爻（本人）の酉と、才である亥（水）との関係が何も無いのは、財運との縁が薄いと判断されます。才の亥に卦身が付くのは財運としては吉象ですので、少しは救われます。

・官鬼爻

用神は三爻の官の卯で、月建より比和して旺相しますが、日辰より休囚し、三合木局して更に凶相を表します。原神は月合して旺相し、日辰より休囚して剋され、後からの回頭生で力が加わります。原神は日辰からの力が弱いので、回頭生で若干の力が戻って用神に力を与えますが、たいしたことはありません。用神の官鬼爻と忌神の力が拮抗するようにも見えますが、原神は月合して動いて用神に力を添えますので、勢いのない忌神は官鬼を上回るほどの力は持ちません。

用神の官鬼爻の卯が動いて上爻の忌神となる孫の酉と爻冲します。用神の官鬼爻の卯と、それを潰す役目の忌神の子孫爻の酉とが爻冲するのは、吉象として捉えることが出来ますが、官鬼爻が動いて世爻（本人）と爻冲するのは、世爻に官鬼が付くということでもありますので全く良くありません。別の見方をすれば、世爻（本人）の体調が心配です。

財運は少しはありますが、日辰に兄弟爻を帯類するのは、それなりの出費があることを示しています。また、子孫爻に世爻が付くのは吉象ではありますが、三爻の官鬼爻との爻冲がありますので、健康管理を万全にすべきと占断しました。

＊家相占では

家に関係する事柄の殆どは家相占と言いますが、占断では、相談者の目的によって用神を決めていきます。この〔占題三十三〕では、財運と健康運ということで占断しましたが、一般的に家相占では、特に相談者からの要望が無ければ、身命占的に財運、健康運、恋愛運などで見ていきます。

＊失脱占

〔占題三十四〕

占的　タクシーにバッグを忘れたようだが見つかるかどうか。

乙巳月　辛卯日　空亡〔午未〕　本卦〔火風鼎〕　之卦〔風水解〕　43→27

〔ポイント〕

・用神は六親五類の何になるのかを占的から考えて下さい。

・動いている爻は日辰からの作用をよく考えて下さい。

・世爻をよく見て下さい。

＊失脱占

《占題三十四・占断》提抜・虚一待用

占的　タクシーにバッグを忘れたようだが見つかるかどうか。

乙巳月　辛卯日　空亡（午未）　本卦（火風鼎）　之卦（雷水解）　43→27

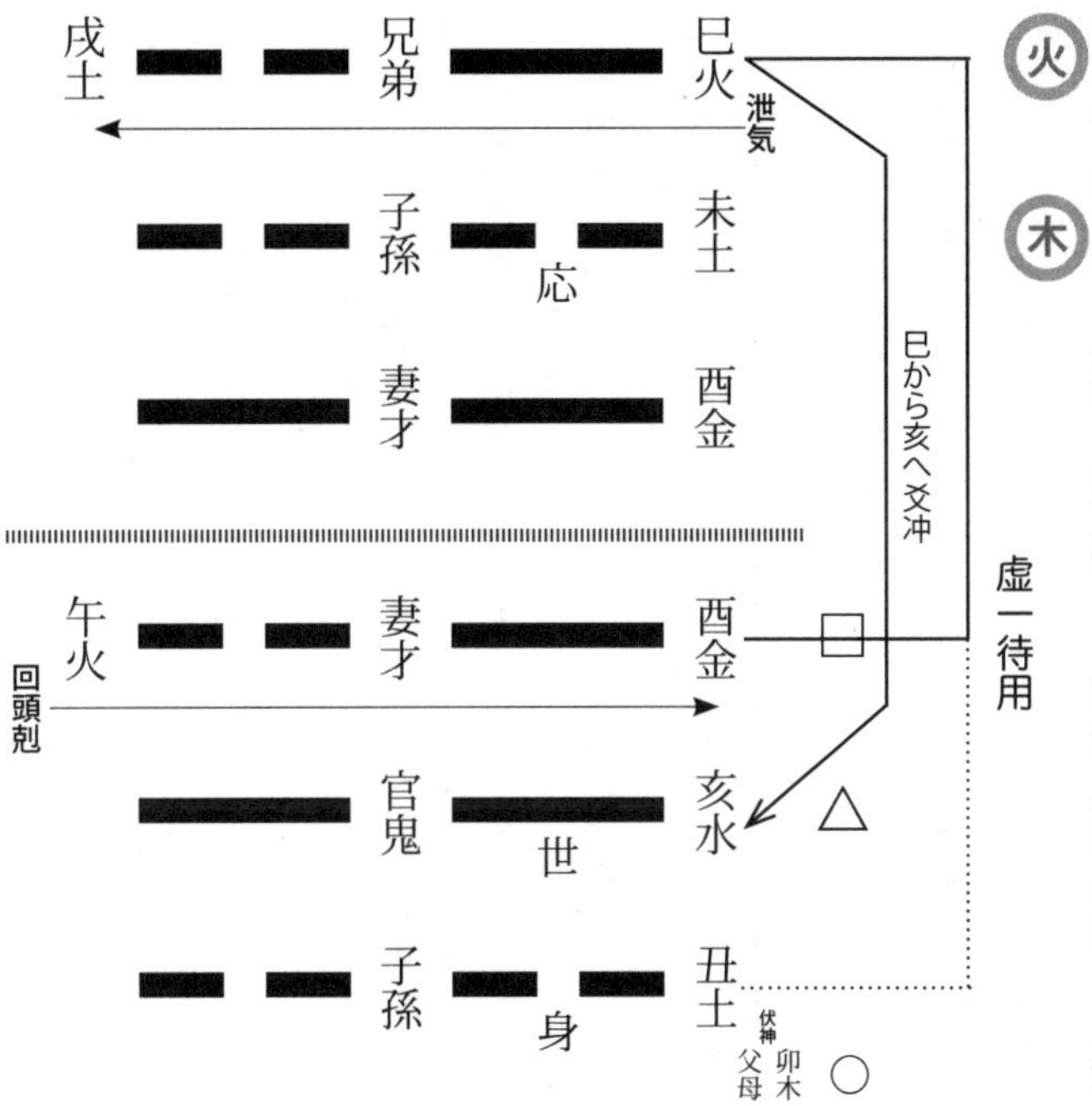

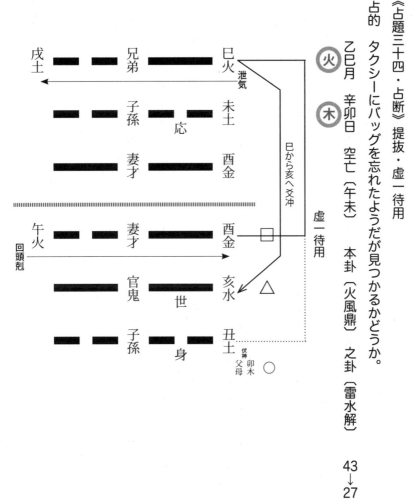

用神（父母爻）

失くしたものがバックなので、父母爻を用神に取ります。

このように忘れ物などを捜す場合の占断を失脱占（しつだせん）と言います。

各神	各神の位置	月建からの作用	日辰からの作用	その他の作用
○用神	初爻の孫の丑に伏する父の卯	なし	日に出る	なし
△原神	二爻の官の亥	冲（月破）	休囚	なし
□忌神	三爻の才の酉	休囚・剋	冲（冲散）	回頭剋

占断

用神の父母爻の卯は初爻に伏しますが、日辰にも同じ卯が帯類していますので、この場合には「伏したものが日に出た」と言って、天より恵みがあるなどの意味に捉えて吉象の解釈をします。このように隠れているものが表に出ることを「提抜」と言います。他爻からの合冲を受けて、伏している支が表に出るということはないのですが、唯一日辰と同じ支が出た場合には提抜となります。

原神は二爻の官の亥ですが、世爻が付き、動かず月破して日辰より休囚では力は全くありません。忌神の三爻の才の酉も月建より休囚で剋され、日辰より冲散し、後からの回頭剋で自滅してしまいます。

日月からの三神の作用を見ますと、用神が強く、原神、忌神が弱いので、象意としては吉の相が出ています。

二爻の原神に世爻が付くのは、本人も何とか探そうとはしているのですが、静爻で動きがないので、もっと積極的に動くべきです。上爻の兄弟爻の巳から官鬼の付く世爻の亥が爻冲されますので、世爻（本人）もどうすれば良いのか不安で落ち着かないといったところでしょうか。とにかく本人の探そうという気力が大事です。才が日月から弱いのは、このバッグがそんなに高価なものでないことを表していますが、安いバッグでも思い入れのあるものでしたら大事だと思います。

次にいつ変化があるのか、ということで応期を出していきます。

・応期

用神の父の卯は伏していますので、値としての「**卯**」、卦身は初爻の孫の丑が静爻なので、静は冲を待って「**未**」、そして値である「**丑**」となります。

応期は、卯、未、丑となりますが、本爻でよく見ると、虚一待用のあることが分かります。三合金局になりそうな状況です。上爻の巳と三爻の才の酉が動いています。これで、静爻の丑を待てば三合になりますので、虚一は初爻の丑ということになります。虚一は値より優先しますが、虚一の丑が丁度卦身のある初爻の値と同じ支となるのは、占断の確証となるものです。虚一待用の支を待って「丑」日を応期としました。

応期を日で取ったのは、日辰に伏した同じ卯が出るのは強力ですし、時期としては早いと判断したからです。

実占した日が卯日ですので、卯から数えて辰、巳、午、未、申、酉、戌、亥、子、丑ということで、凡そ十日前後で見つかると占断しましたら、丑日にバッグが戻ってきたという報告がありました。

＊失脱占

失脱占は、忘れ物や失くしたものを捜す占いですが、どこで忘れたのか、どこで失くしたのかによって判断の仕方が違ってきます。その見当が付いている場合には、日月からの作用のみで判断する場合もありますが、外出での紛失や、どこで落としたかも分からないような場合には、世爻との関連性をよく見て判断していきます。もちろん日辰に何が帯類しているのかは、吉凶判断の目安になりますので必ず見ていきます。

＊恋愛占

〔占題三十五〕

占的　今付き合っている女性との今後はどうなるか。

己酉月　乙丑日　空亡〔戌亥〕　本卦〔火天大有〕　之卦〔天風姤〕　8→2

〔ポイント〕

・用神は六親五類の何になるのかを占的から考えて下さい。

・仇神の作用も見て下さい。

・世爻と用神、世爻と仇神の関係を見て下さい。

・応期も出して下さい。

＊恋愛占

《占題三十五・占断》（応期断法）

占的　今付き合っている女性との今後はどうなるか。

己酉月（金）　乙丑日（土）　空亡（戌亥）　本卦（火天大有）　之卦（天風姤）　8→2

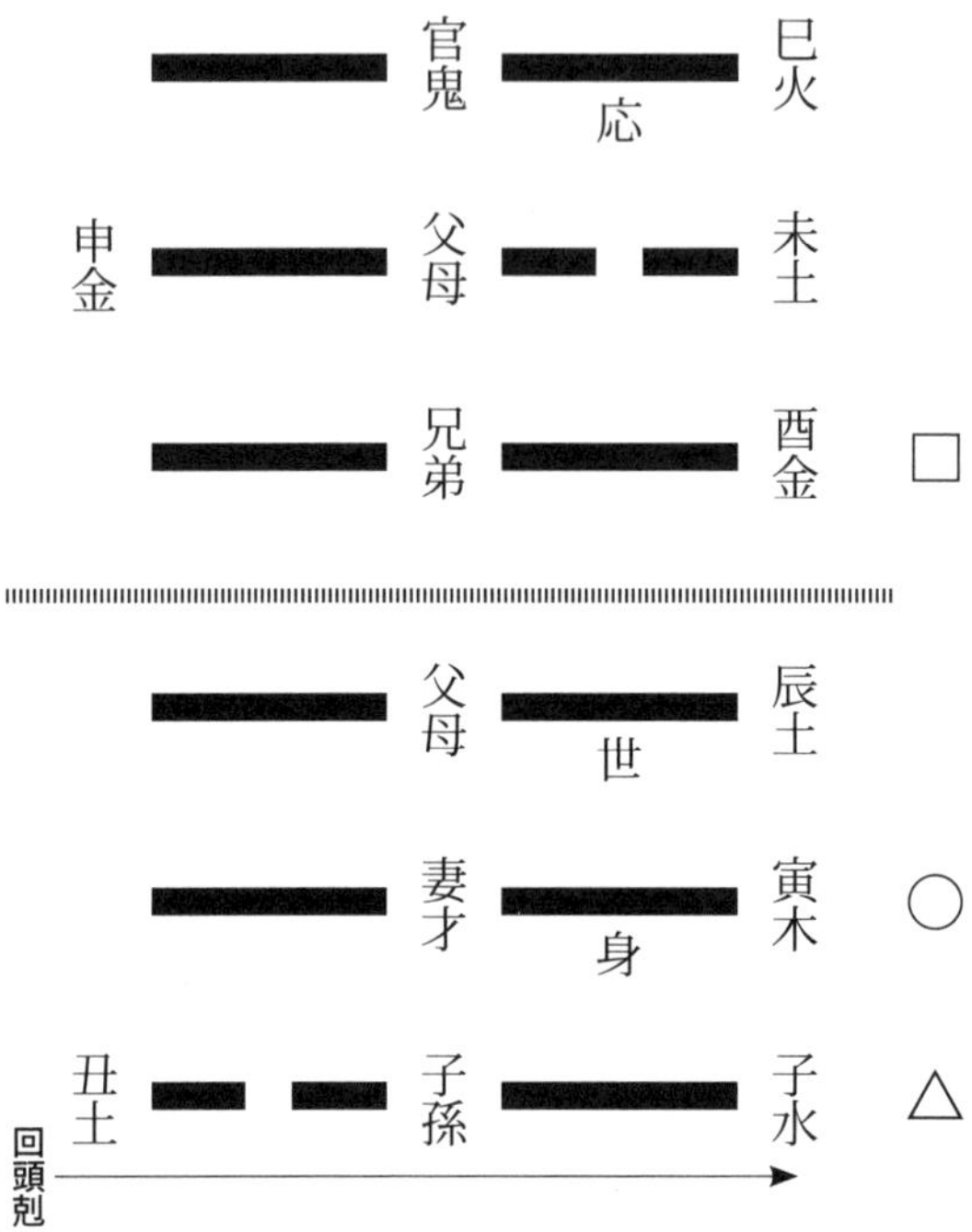

用神（妻才爻）

男性からの恋愛相談なので、妻才爻が用神となります。

各神	各神の位置	月建からの作用	日辰からの作用	その他の作用
○用神	二爻の才の寅	休囚・剋	休囚	なし
△原神	初爻の孫の子	旺相（生）	合（合住）	回頭剋
□忌神	四爻の兄の酉	旺相（月併）	旺相（生）	なし

占断

用神の二爻の才の寅は、日月より休囚・剋して弱く、原神の初爻の孫の子は動いて勢いを見せますが、日辰より合住して回頭剋の作用を受けますので、全く力が失せてしまいました。合住というのは物事が途中でストップしてしまうことです。忌神の四爻の兄の酉は動きませんが、月合し日辰より生じられて旺相します。

用神、原神共に弱く、忌神が旺相するのは恋愛占としては凶象です。世爻は三爻に父母爻を持つ辰（土）ですが、日辰にも同じ（土）を持ち父母爻が帯類しています。世爻（本人）が親の問題などのあることを示しており、同時に心労のあることも表しています忌神の兄弟爻は世爻のライバルとしても見ていきます。兄は動かず日月から旺相しますが、動きませんので、今のところ、この女性に他の男性のいる可能性は低いと考えます。用神の才に世爻ではなく卦身がつきますので、この女性との縁が少しはあるということを示していますが、世爻には才が付かず、父母爻に世爻が付くというのは、この女性とのことで、迷いや悩みの大きいことを表しています。

次に、いつ変化があるのかの応期を出していきます。

・応期

用神の寅は静爻なので、静は冲を待って「**申**」、卦身の寅も同じ寅なので、同じく「**申**」となります。そして値は「**寅**」になります。応期は「**申**」か「**寅**」となります。日月から受ける三神の強弱から用神、原神が弱く、忌神が強いので、時期は早いと判断しました。応期は申月（八月）前後としましたら、九月初めに別れたということでした。

＊恋愛占について

女性から男性を見る場合には、用神は官鬼爻になりますが、男性から女性を見る場合には妻才爻となります。

恋愛占では、必ずライバルとなる兄弟爻を見ていきますが、女性からの依頼で官鬼爻を用神に取った場合には、新たに仇神を取って見ていくのに対して、男性からの依頼で、妻才爻を用神に取った場合には、忌神が同時に兄弟となっていますので、兄弟爻の動きを良く見ていきます。日月からの作用はもちろんですが、爻冲、爻合などの作用もよく見て、世爻との関連性などを判断していくことが大事です。

女性から男性を見る場合、または男性から女性を見る場合も、恋愛占では、兄弟爻は本人のライバルになりますので、必ず別に判断していきます。見落とさないようにして下さい。〔占題三十〕（一三〇頁参照）に女性から男性を見る恋愛占があります（上巻「＊仇神について」九七頁参照）。

＊病院占

〔占題三十六〕

占的　病院を変えて治療の効果が上がるか。

庚戌月　丁未日　空亡〔寅卯〕　本卦〔沢山咸〕　之卦〔風沢中孚〕　60↓23

〔ポイント〕

・十二支の五行は何かを考えてを判断していって下さい。
・用神は治療ということと、災いはないかという二つの用神で取ります。
・動いている爻の作用をよく見て下さい。
・世爻に何がついているのか見て下さい。
・世爻と用神との関連性を考えて下さい。

＊病院占

《占題三十六・占断》独静の卦

占的　病院を変えて治療の効果が上がるか。

庚戌月　丁未日　空亡〔寅卯〕　本卦〔沢山咸〕　之卦〔風沢中孚〕　60→23

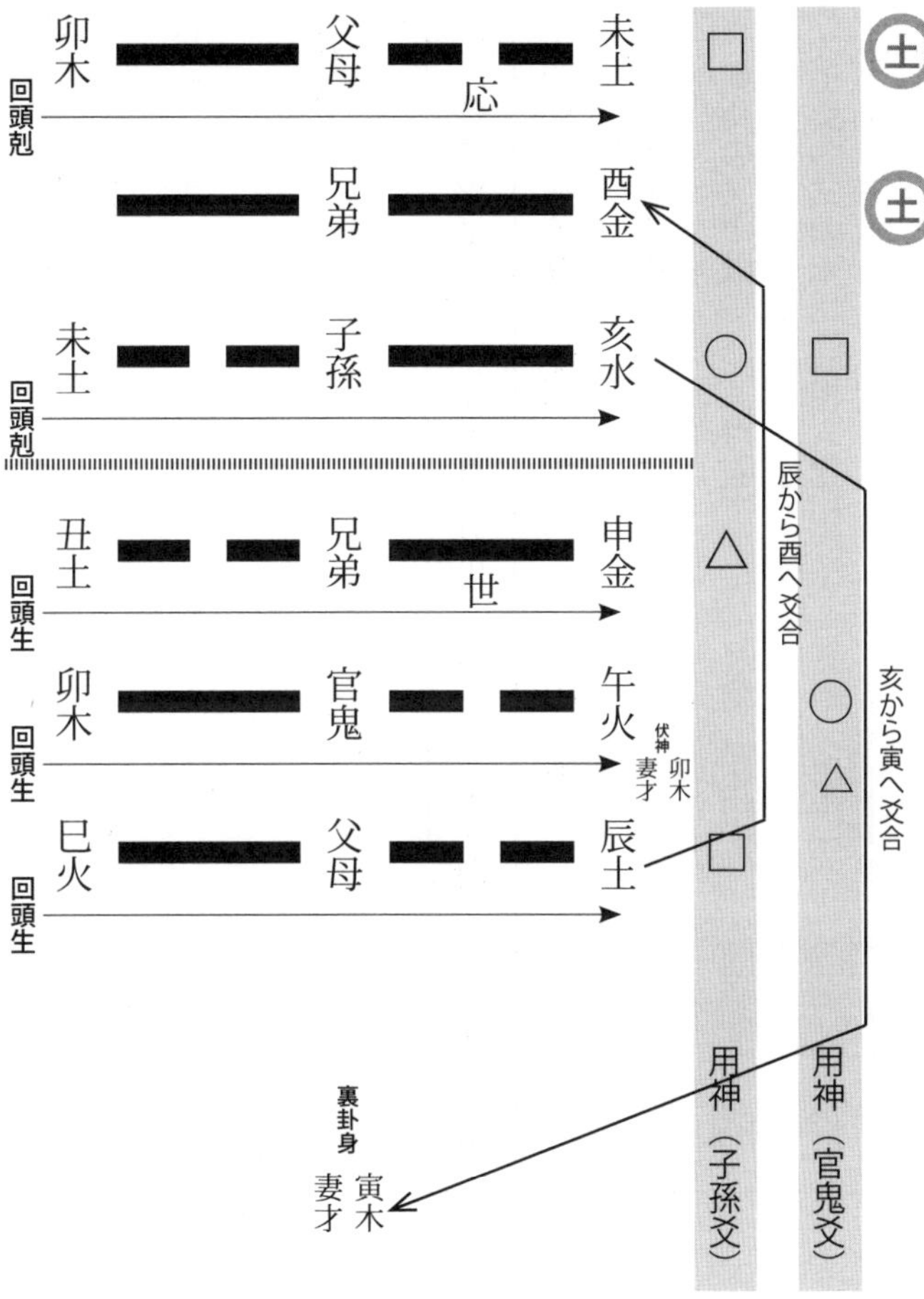

用神（子孫爻）（官鬼爻）

病院なので子孫爻を用神にして取りますが、同時に災いはないかということで、子孫爻を中心にして官鬼爻も見ていきます。

用神（子孫爻）

各神	各神の位置	月建からの作用	日辰からの作用	その他の作用
○用神	四爻の孫の亥	休囚・剋	休囚・剋	回頭剋
△原神	三爻の兄の申	旺相（生）	旺相（生）	回頭生
□忌神	初爻の父の辰	冲（月破）	旺相（比和）	回頭生
□忌神	上爻の父の未	旺相（比和）	旺相（日併）	回頭剋

忌神両現

用神（官鬼爻）

各神	各神の位置	月建からの作用	日辰からの作用	その他の作用
○用神	二爻の官の午	休囚	合（合住）	回頭生
△原神	二爻の官の午に伏する才の卯	なし	なし	空亡
□忌神	四爻の孫の亥	休囚・剋	休囚・剋	回頭剋

占断

・用神（子孫爻）

用神の四爻の孫の亥は、日月から弱く、回頭剋では全く力は失せてしまいました。原神の三爻の兄の申は、日月より生じられ、動いて回頭生を受けて旺相しますが、用神が無力と化していますので、支えようもなく、力は温存しながらも活躍の場はありません。忌神は二つの爻で動いています。初爻の辰と上爻の未が動いて、辰が回頭生で未が回頭剋する、というような特徴のある動きをしますので、両現としました。

忌神の初爻の父の辰は月破し、日辰より比和をして回頭生で力を得ますが、上爻の父の未は月建より比和して日併し旺相しますが、回頭剋に遭い自滅です。作用としては辰が月破で回頭生、未が日併の回頭剋で日辰変壊になるのは、忌神の力が不安定な状況にあることを示すものです。

用神は弱く、原神は強く、忌神が不安定、というように判断します。用神の子孫爻が、全くの無力なのは凶象を表すものです。

三爻の世爻には、原神が付いていますので、なんとか通院を続けたいというところでしょうか。この世爻の申（金）が用神の亥（水）を生じますので、本人からの自発的な通院が必要なことを表しています。同時に縁があるとも判断されるのですが、それもこちらからのアプローチに拠るものです。用神の亥が裏卦身の才の寅と爻合しますが、寅は日月から弱いので、あまり有名な病院ではなさそうです。一般的な町の病院といったところでしょうか。五爻の兄の酉は原神となる三爻の申と同じ(金)です。その酉(金)が、用神を潰す役目の初爻の忌神の辰から爻合されるというのは、通院の難しさを表すものです。また、日辰に忌神と同じ父母爻を帯類するのも凶象として捉えます。

・用神（官鬼爻）

用神の官鬼爻の二爻の午は、月建より休囚して、日辰より合されて動いていますので合住となります。合住の作用で物事が止まっているところに、後からの回頭生の作用を受けますが、全く良くありません。官鬼爻の災いを見る場合には、旺相しているのは凶相として捉えますが、合住しているということは何かの原因で停滞している様態を示すものです。そこに後から同じ災いとしての力が増すことは良くないのです。原神の伏する卯は、用神の官鬼に隠れており全く力はなく、空亡します。原神の継続性という機能を考えるならば、原神が無力なのは一時的な病状の悪化とも考えられます。忌神は日月より休囚・剋し回頭剋なので、用神の官鬼を潰す力は皆無です。

・総合判断

病院を意味する子孫爻の用神は全く力がありませんし、災いの官鬼爻の用神が合住して回頭生になるのは凶象です。通院しても治療の効果が期待出来ないことを表しています。官鬼爻の原神が伏し空亡するのは吉象ですが、一時であってもその治療によって変化があるのは、副作用の可能性を暗示させられるものです。官鬼爻の午が動いて世爻（本人）を剋する（火剋金）のは、その治療での悪い影響のあることを示しています。日辰に子孫爻の忌神である父母爻が帯類し、その忌神から原神の付く世爻の申が生じられる（土生金）のも良くありません。この占断では凶と判断しました。

＊病院占

病院についての相談は結構多いので、「病院占」と名付けていますが、似たような占事には「医者占」というものもあります。この医者占の場合にも用神は子孫爻を取ります。

病院占では、用神が日月から強い方が吉となりますが、同時にこの占題のように官鬼爻も取って災いはないかと身命占的に見ていくこともあります。目的占であっても、その用神を中心にして他の用神も取って見ていくことで合理的な占断が出来ます。この病院占でも、世爻（本人）との関連性は大事です。本人と病院との相性とでも言えばよいでしょうか。合わなければ効果がないというようにも判断されます。

第三十七章　年筮法

次に年筮法を説明したいと思います。年筮は次の年の一年間を占術する方法のことですが、十二月の冬至の時間を待って立筮します。基本は身命占と同じ考え方です。上巻での身命占では、世爻のみを用神に取って、日月からの作用で吉凶判断をしていました。身命占（自己占）というのは、世爻だけではなく全体を判断して吉凶を出していくものですので、占的の中では一番難しい占事だとされています。世爻だけでなく他の用神も同時に見ていきますが、用神が増えて複合的になれば難しく感じるのも当然です。占術に慣れるまでは各用神を一つずつ丁寧に見ていくことを心掛けましょう。

まず、〔占題三十七〕を例にして解説していきたいと思います。

相談者は会社勤めの方（男性）です。一年間の財運と健康運と好機運を見てほしいということで占断したものです。もしこの男性から恋愛運も見てほしいということでしたら、女性運は才爻を用神に取って見ていきますので重複します。財運の用神と同時に、女性運も才爻とする用神を、別に見ていくようにします。どちらも用神が旺相することは吉象として捉えます。

〔占題三十七〕

占的　来年（戊丑年）の財運、健康運、好機運について（会社員・男性より）

乙丑月（土）　丁巳日（火）　空亡（子丑）　本卦（水山蹇）　之卦（地水師）　61→16

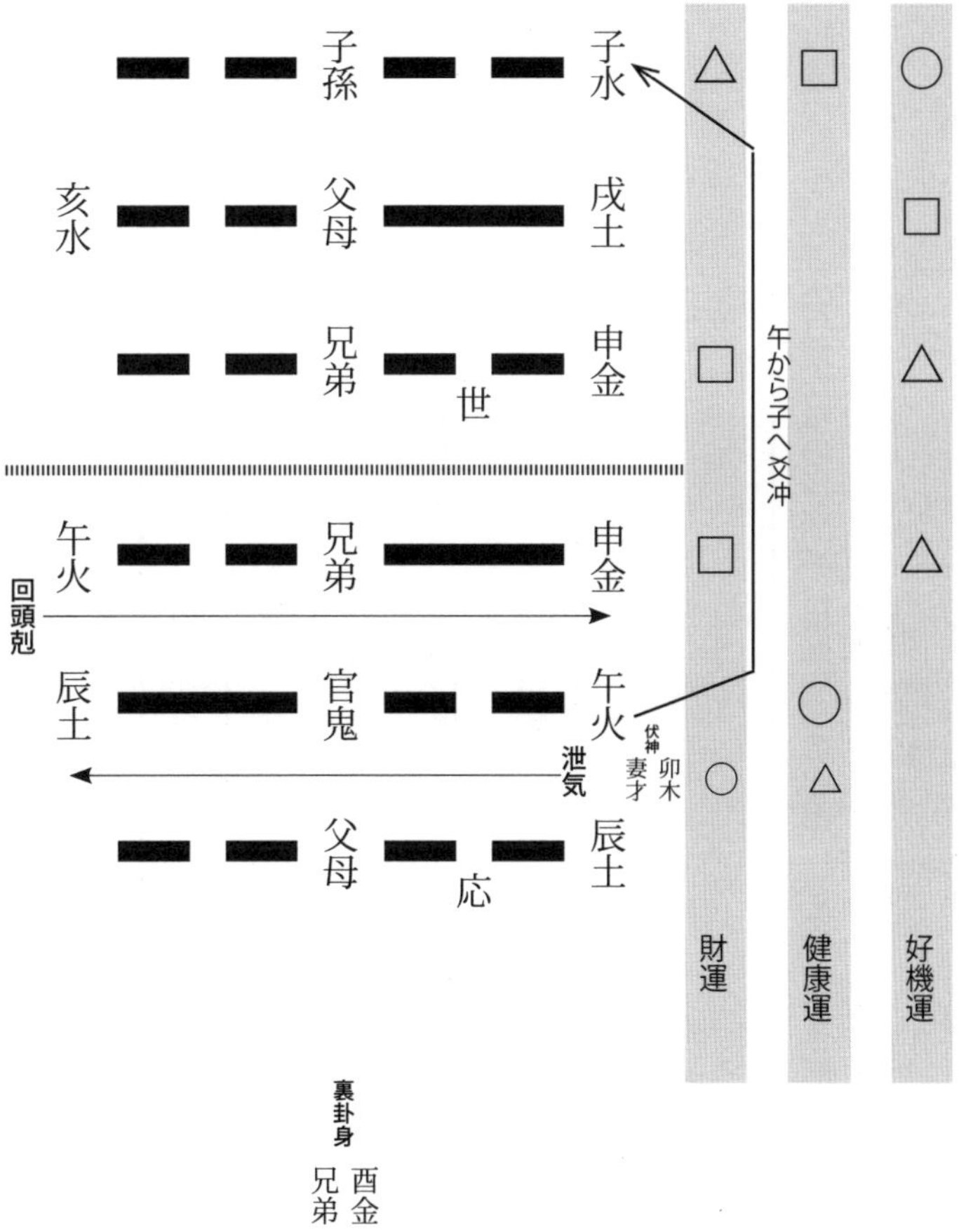

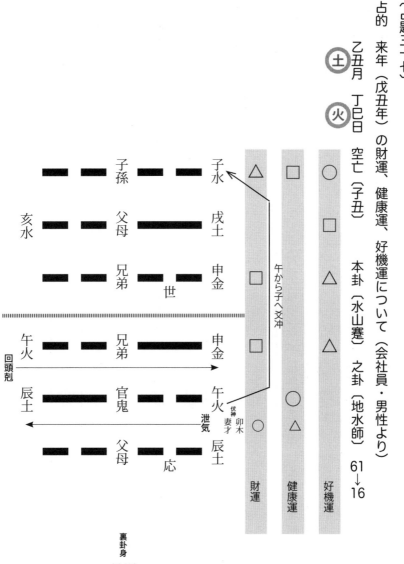

＊財運　用神（妻才爻）

各神	各神の位置	月建からの作用	日辰からの作用	その他の作用
○用神	二爻の官の午に伏する才の卯	なし	なし	なし
△原神	上爻の孫の子	合（月合）	休囚	空亡
□忌神	三爻の兄の申	旺相（生）	合（合住）	回頭剋
□忌神	四爻の兄の申	旺相（生）	合（合起）	なし

忌神両現

＊健康運　用神（官鬼爻）

各神	各神の位置	月建からの作用	日辰からの作用	その他の作用
○用神	二爻の官の午	休囚	旺相（比和）	泄気
△原神	二爻の官の午に伏する才の卯	なし	なし	なし
□忌神	上爻の孫の子	合（月合）	休囚	空亡

＊好機運　用神（子孫爻）

各神	各神の位置	月建からの作用	日辰からの作用	その他の作用
○用神	上爻の孫の子	合（月合）	休囚	空亡
△原神	三爻の兄の申	旺相（生）	合（合住）	回頭剋
△原神	四爻の兄の申	旺相（生）	合（合起）	なし
□忌神	五爻の父の戌	旺相（比和）	旺相（生）	なし

原神両現

占断

先ずは、戊丑年に、どの六親五類が付いているのかを、得卦した爻より見つけます。丑（土）と同じ五行をもっているものは初爻の辰（土）と五爻の戌（土）ですが、（土）にはそれぞれ父母爻が付いていますので、戊丑年は父母爻の年というように判断します。一年中、五類の父母爻の関係するものが付いて回る、または多い、ということです。父母爻には「心労」などの意味がありますが、他に親の問題や勉強、家のことなども考えられます。このような父母爻を類推する事が、世爻（本人）の身に起きる可能性があるというように見ます。

・財運

才爻の用神は二爻の官に伏する卯ですが、日月より伏しますので無力です。原神の上爻の孫は月合しますが、日辰より休囚し静爻で空亡になります。

忌神は、動いている三爻の兄の申と、世爻の付く四爻の兄の両現としました。三爻の兄は月建より生じられ旺相しますが、日辰より合住となり力は途中で止まります。そこへ後から回頭剋となりますので自滅です。四爻の兄の申は月建より生じられ、日辰より静爻ですので合起しました。合起は旺相の意味に捉えますので強いとします。この四爻と三爻での忌神を考え合わせると不安定ではありますが、いずれも月建からは力を得ますので、凡そで40％位の力は得られるかと判断します。

主になる用神、原神が弱いので、忌神に多少の力があっても変化はなく、財運の可能性はないと判断します。世爻に兄弟爻が付くのも良くありません。無駄使いをしないように計画的に過ごすことが肝心です。

二爻の官鬼に用神の才の卯が伏していますが、官鬼には「仕事」の意味もありますので、そこに才の卯が伏するというのは、仕事が大変な割りには成果に恵まれず、延いては財運の付かないことを暗示させられるものです。

・健康運

官鬼爻の用神は二爻の午で、月建より休囚しますが、日辰より比和して動いて泄気します。旺相しての泄気は若干力が抜ける感じです。日辰に官鬼爻を帯類するのは良くありません。原神は二爻の午に伏する才の卯で無力、忌神の上爻の孫の子は月合で、日辰より休囚で空亡です。官鬼爻の用神は、日辰より力が強く、原神、忌神が弱いというように判断されます。用神の官鬼爻が強いと言うことは、健康に注意しなければならない年だと判断します。日辰に官鬼爻を帯類するのも凶象です。

・好機運

好機運はチャンスがあるのかどうかということで占断していきます。

用神の上爻の子孫爻の子は空亡です。原神の申（金）は三爻と四爻で両現とします。三爻の申は回頭剋で自滅し、四爻の申は日辰から合起して旺相しますが、力の不安定さを表します。忌神に成り得る（土）の五行は、初爻の辰と五爻の戌が五行の（土）となっていますが、動いている方の五爻の戌を忌神に取ります。忌神の戌は月建より比和して日辰より生じられますので旺相しています。ただ、如何せん用神が弱く、原神は不安定な力で用神を支えますが、忌神は動いて強力に用神を潰しに掛りますので、原神は無駄骨に終わります。この年はチャンスには恵まれ難いと判断しました。

太歳（年）に六親五類の父母爻が付いて、吉凶判断をするならば、財運、健康運、好機運共に凶と占断しました。

＊吉方位・吉数・吉色

次にこの一年においての吉方位、他を見ていきます。次の十二支関連表を見て下さい。方位、他は卦中の支で判断します。幸運は子孫爻で取りますので、子孫爻が付いている子（水）で見ていきます。

※吉方位は北、吉数は9、吉色は黒となります。

【十二支関連表】

支	方位	数	色
子	北	9	黒
丑	北東	6	黄
寅	東北	1	青
卯	東	2	緑
辰	東南	5	金
巳	南東	4	朱
午	南	3	赤
未	南西	6	黄
申	西南	7	銀
酉	西	8	白
戌	西北	5	金
亥	北西	10	紫

＊年間を通しての運勢の波を見る

一年間の支に六親五類の何が付いているのかを、得卦した支の次の寅月から順に見ていきます。

二月の寅の（木）には才が付いていますので、同じ（木）の卯も才が付きます。他も順に十二支にどの六親五類の何が付いているのかを卦中より見て書いていきます。

＊卦身

才	寅	二月
才	卯	三月
父	辰	四月
官	巳	五月
官	午	六月
父	未	七月
兄	申	八月
兄	酉	九月
父	戌	十月
孫	亥	十一月
孫	子	十二月
父	丑	一月

一年の最初の月の寅・卯月に才がつき、一年の後半には孫がつきますので、全体を見て才のある年始めは財運が良いと判断します。健康には官鬼爻の付く巳月、午月に気をつけたいものです。また出費は夏の申月、酉月に兄弟爻が付いていますので注意が必要です。亥月、子月には子孫爻が付いていますので、年末にかけてはチャンスが来る可能性もある、というように見ていきます。そして卦身は裏卦身の酉になっていますが、卦身の付く月は一年で一番大事な月、と言うように見ていきます。裏卦身は酉の九月です。

総体的に一年の前半の月と後半の月が良いというようにも言えますが、太歳（年）には父母爻が付きますので、常に心配事のある年回りのようです。また、日月からの作用の判断では官鬼が強いので、この一年は体調に気をつけて無理をせずに、金銭に関しては出費を引き締めて、消極的ながらも後半には子孫爻の付く亥月、子月のチャンス月が巡って来ますので、その月を狙って穏やかに過ごすことが大事だと占断しました。

＊年筮も身命占と同じ考え方で、その年に父母爻や官鬼爻や兄弟爻の付く年はあまり良い年ではないというようにも考えます。妻才爻や子孫爻が帯類するのは逆に吉として捉えますが、日月からの作用などを含めた総合的な判断が必要です。世爻に五類の何が付いているのか、または日辰に何が帯類しているのかなども考慮して吉凶判断の目安にしていきます。年に父母爻が帯類しているということだけで凶の判断をするわけではありません。

〔占題三十七〕のように、総合的に良くない占断が出た場合には、各爻をよく見て、開運への考え方、情報などを駆使して、多少にかかわらず相談者へのアドバイスが出来るように、日頃より知識の蓄積を心掛けるようにして下さい。

第三十八章　転類法

相談の内容は多岐に亘り、その殆どが対面する相談者自身に関する事が多く、得卦した世爻はその本人となりますので、鑑定に何等問題はないのですが、たまにその相談者の親族の内容であったり、全く他人の件であったりする場合があります。相談者と直に対面した場面で、相談者以外の人のことを鑑定してほしい、という依頼があるのです。このような鑑定の場合は、先ずは（我）となるべき六親を選び、そして、新たにその（我）を中心とした五類を転位させて判断していきます。これを転類法と言います。転類法とは、占的の主となる用神を中心（我）に置いて、新たにその（我）を取り巻く六親五類へと転位させることです。

例えば、Aさんが自身の鑑定依頼をする場合には、得卦した卦中での世爻はAさんになりますので、転類の必要はありませんが、Bさんからの意思表示や鑑定依頼がないのに、AさんがBさんの件を鑑定依頼する場合には転類します。

得卦した卦中の世爻は、対面しているAさん以外には成り得ませんので、転類せずに鑑定すれば、その鑑定はBさんの事ではなくAさんの鑑定になってしまい、占断がおかしなことになってしまいます。

BさんがAさんに頼んで代理鑑定依頼した場合には、鑑定の卦中の世爻はBさんになりますので転類の必要はありませんが、Bさんが全く鑑定を知らされずに、Aさんが勝手にBさんの鑑定依頼をしてきた場合には、転類して見ていくことになります。

代理鑑定依頼では、占的の主となる人がその鑑定の件を知っているのか否かによって、鑑定方法が変わってきますので注意が必要です。

また、占的の主となる人の状況を深く見るということで、転類する場合があります。よく転類して活用するのが病症占ですが、その主となる人の病態を見ることが出来ますので、占断に実証性を持たせ、且つ迷いが少なくなり、現場では重宝しています。

転類法を文章で書くと、とても難しいように感じてしまいますが、用神となる六親を選んで〈我〉とし、〈我〉を軸にして新たに六親を設定するだけのことです。図にすると簡単ですので、次の〔占題三十八〕で一緒にトライしていきましょう。

＊薬品占（転類）

〔占題三十八〕

占的　子供に服用された薬は副作用の害があるかどうか（母親より）。

丙午月（火）　丁酉日（金）　空亡〔辰巳〕　本卦〔雷火豊〕　之卦〔地雷復〕　14↓50

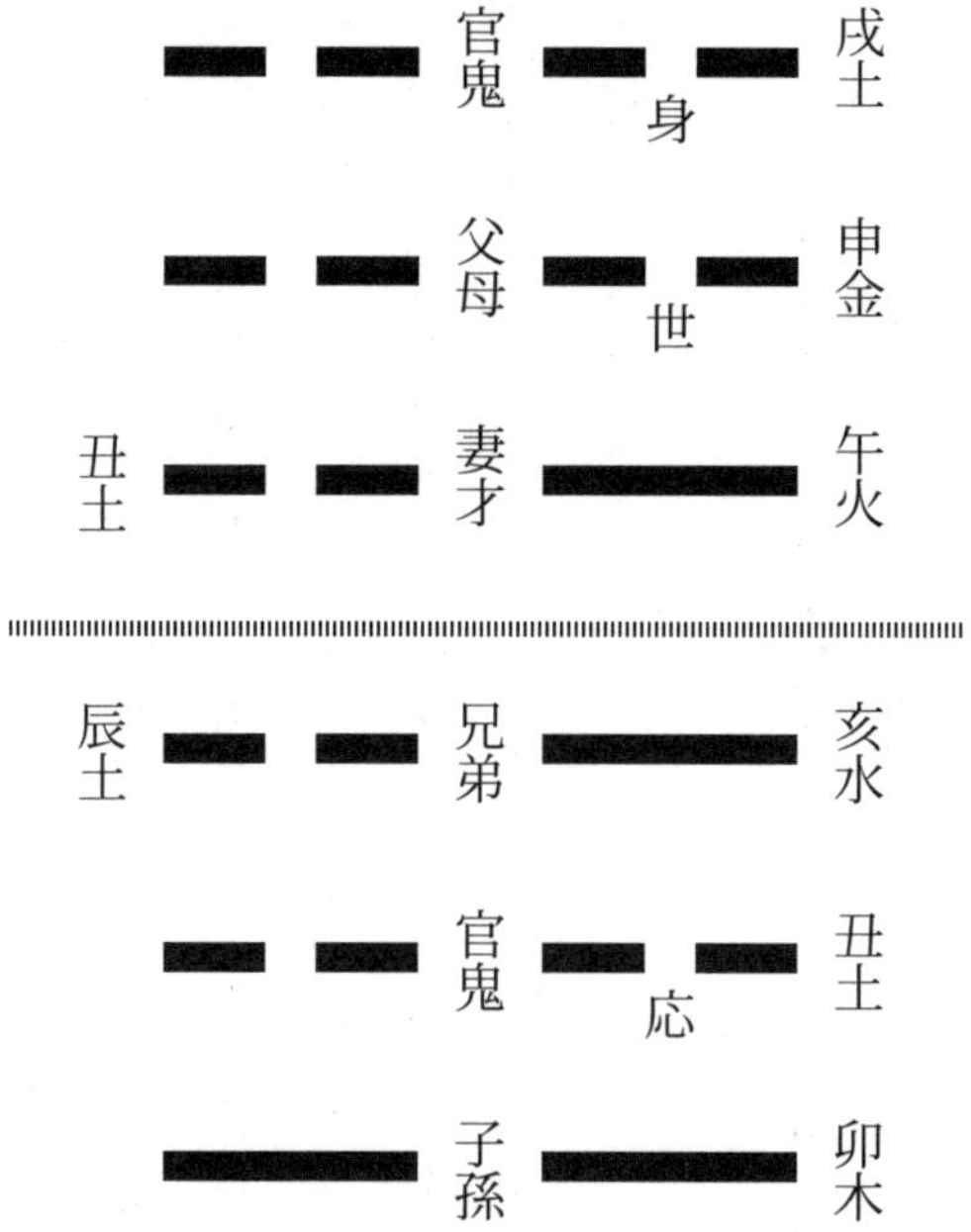

子供の薬に関して害があるのかどうかですので、子供＝子孫爻を中心にして五類を変換して見ていきますが、このことを転類と言います。六親五類での考え方は我と同等するのが兄弟爻でした。この考え方から、子孫爻を我とすれば、子孫爻が兄弟爻に変わります。

先ずは初爻の子孫爻の卯（木）を兄弟爻にします。これを五類に当てはめて考えていきます。次の（火）は孫になりますので、四爻の妻才爻が子孫爻に変わります。次の（土）は二爻の官鬼爻の丑が妻才爻に、また、上爻の官鬼爻の戌も妻才爻に変わります。次の（金）は五類の順で言えば官になりますので、五爻の父母爻の申が官鬼爻に、父母爻は官鬼爻の（金）に変わりました。そして次の（水）は三爻の兄弟爻の亥が父母爻に変わります。

頭の中だけで考えていても混乱しますので、必ず五類の順番を書いてそこに該当する五行を書いていけば確かです。先ずは主となる五類を兄弟爻に置き換えて、その変換した兄弟爻の五行を同時に孫、才、官、父、の順に変えていけば良いのです。この理論は簡単なのですが、説明文を読み返すと本当に難しく感じます。図に書いて考えれば、簡単で分かり易いと思います。

次頁の図を見て下さい。このように最初に木、火、土、金、水と書いておきます。例えば兄弟爻が五行の木でしたら、木から順に兄、孫、才、官、父と横に一緒に書いていけば良いのです。

【子孫爻（木）を兄弟爻に置き換えた場合の転類図】

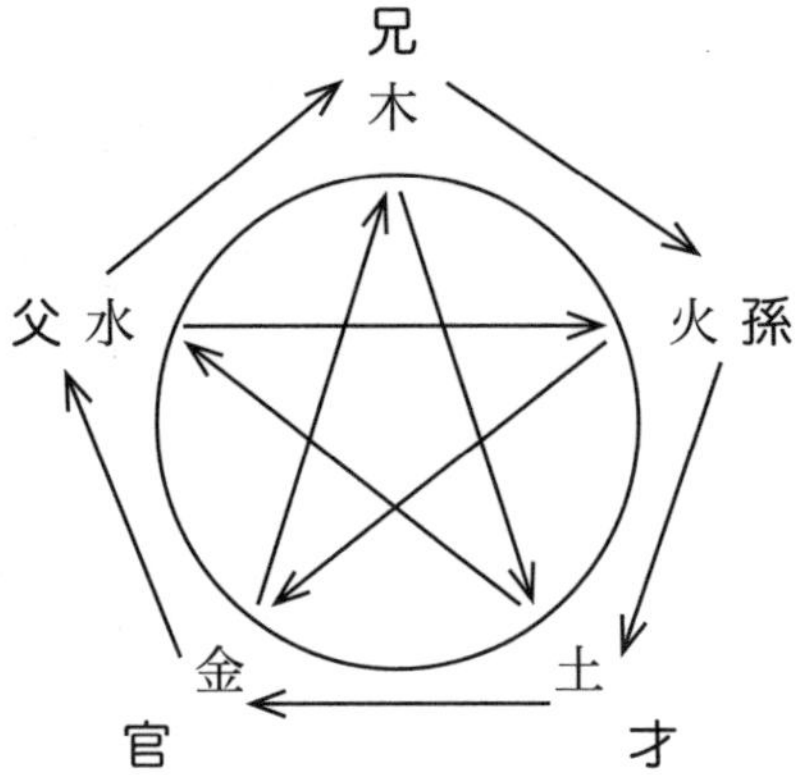

※図にもありますように、必ず基本は兄、孫、才、官、父の順になっていますし、五行も木、火、土、金、水の順にします。

＊右の図を表にしたもの

兄	孫	才	官	父
木	火	土	金	水

転類した図の完成図は次頁に示す通りですが、転類した五類は得卦した最初の爻図に分かり易いように各変換した五類を下に書き込んでいきます。

《転類完成図》

＊薬品占（転類）

・占題三十八

占的　子供に服用された薬は副作用の害があるかどうか（母親より）。

丙午月　丁酉日　空亡（辰巳）　本卦（雷火豊）　之卦（地雷復）　14→50

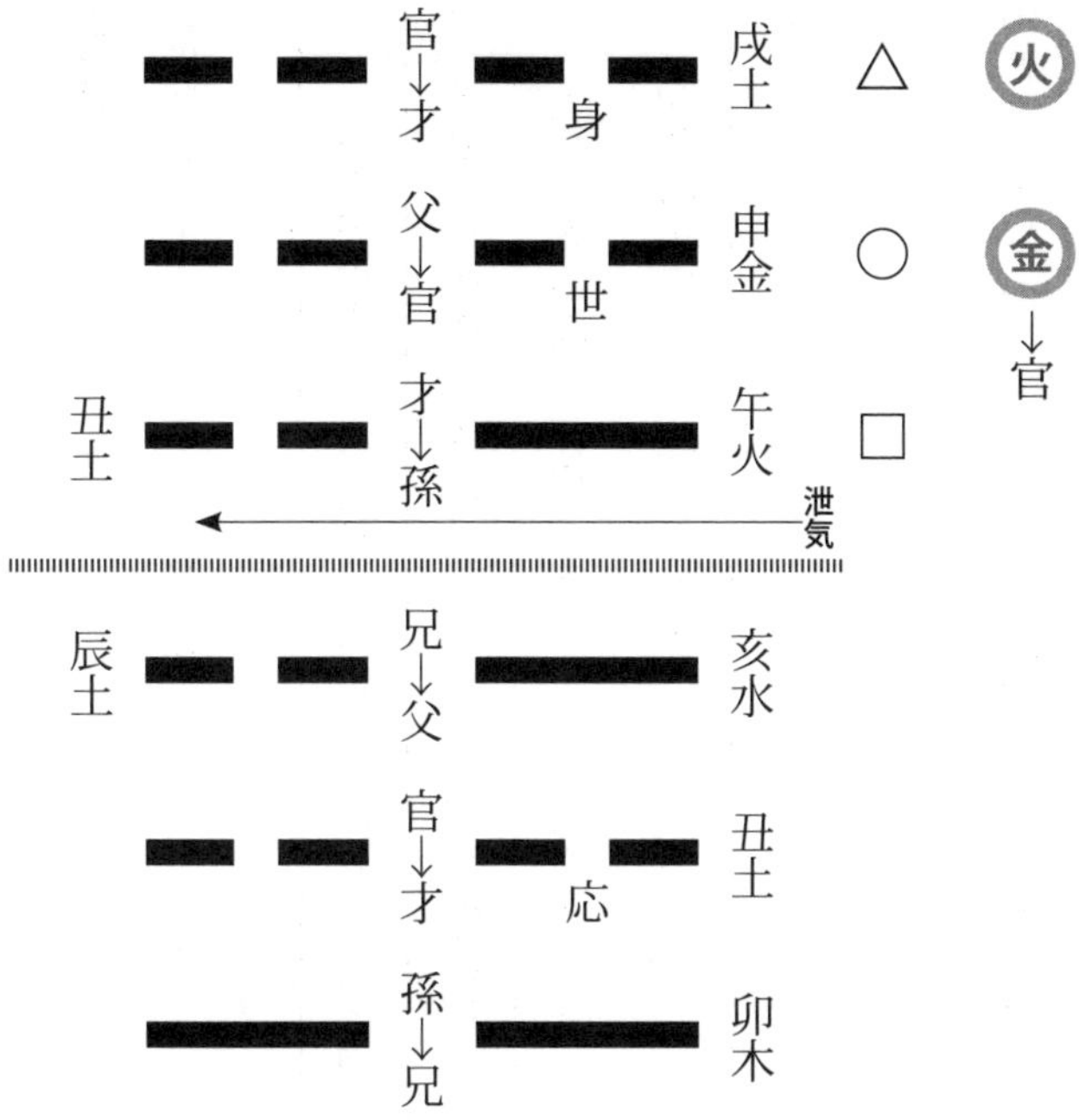

用神（官鬼爻）

病気に関することなので、官鬼爻が用神となります。

各神	各神の位置	月建からの作用	日辰からの作用	その他の作用
○用神	五爻の官の申	休囚・剋	旺相（比和）	なし
△原神	上爻の才の戌	旺相（生）	休囚	なし
□忌神	四爻の孫の午	旺相（月併）	休囚	泄気

占断

用神の五爻の官の申は、月建より休囚・剋して弱いのですが、日辰より比和して旺相します。原神は上爻の才の戌が月建より生じられて力を得て、日辰より休囚します。原神は月建のみの力で用神を支えようとします。忌神の四爻の孫の午は、月併して力を得ますが、日辰より休囚し動いて泄気します。忌神は泄気して若干の力は抜けるものの、月併の力を殆ど温存しながら用神を潰そうとします。用神は日辰から比和して旺相し、原神が月建からの力を加勢して用神を支えますので、忌神の月併のみの力量で対抗するには力不足です。

用神、原神の力の方が忌神より上回りますので、忌神は徒労に終わります。

災いとして見る官鬼爻が用神の場合には、原神が忌神より強いのは凶象です。日辰に転類した五類の官鬼爻が帯類するのも良くありません。日辰の官鬼爻から生じられたり剋されるのは凶象を表すものです。日月からの判断と日辰帯類法により、この薬品は子供さんにとって副作用の可能性があるものとして占断しました。

転類しましたら、関連性としての爻冲、爻合、生剋は見ることができますが、世爻、応爻、卦身などは見ることが出来ませんので、日月から受ける作用をよく判断することが大事です。

＊転類法・ポイント
薬品占や病占などでは、その状況、様態をもっと深く見るということで、転類法は大いに活用出来るものですが、先述しましたように、世爻、応爻他は見ることが出来ません。世爻との関連性などの判断が出来ませんので、本人（世爻）より直接依頼されることが、深く読むための条件となってきます。

本人からの依頼であれば、得卦した（世爻）が本人となりますので、そのまま占断していけば良いのですが、本人からの依頼がない場合に、こちらの判断で自由に占えば、その占的の中心となる用神は転類して見ていくことになります。

転類法は、主体を明確にさせて用神を決めていく画期的な方法論ですが、判断していく占断方法が少なくなります。ですから、できるだけ本人からの承諾や依頼のある占的であることが望ましいのです。

〔占題三十九〕転類トレーニング

占的　自営業の息子の仕事はうまくいくか（母より）。

癸未年

乙卯月　癸卯日　空亡〔辰巳〕　本卦〔天水訟〕　之卦〔風山漸〕　47↓24

（ポイント）

・母親からの依頼ですので、占的の内容から中心となる五類を決定します。

・中心となる五類が決定しましたら、中心の五類を兄弟爻に変換して順に転類していきます（六親五類の下に転類した、新たな五類を記入のこと）。

・転類した五類から用神を決定し、そして原神・忌神も選択します。

・三神に両現する爻があるのかないのかも確認して下さい。

・いつ変化があるかの応期も考えて下さい

《占題三十九》転類トレーニング

占的　自営業の息子の仕事はうまくいくか（母より）。

癸未年

乙卯月　癸卯日　空亡〔辰巳〕　本卦〔天水訟〕　之卦〔風山漸〕　47→24

（　）　（　）〔　〕

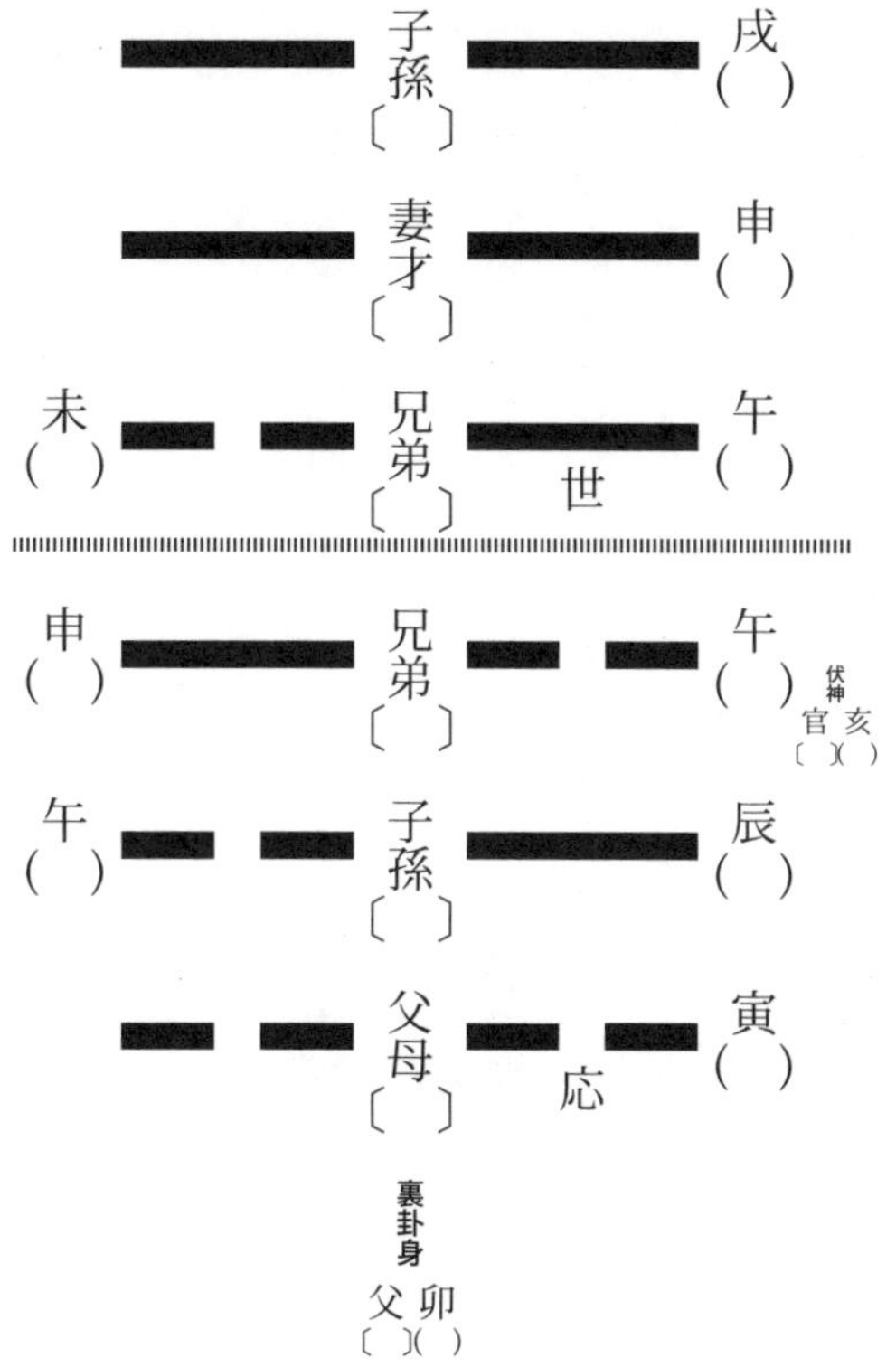

※（　）内には五行を、〔　〕内には転類した五類を記入して下さい

〔占題三十九〕転類トレーニング・問題

母親からの依頼ですので、転類して判断していきます。
得卦した爻図より、空欄を補って問題に沿ってトライしてみて下さい。

A　各十二支の五行を記入して下さい。

B　中心となる五類は何ですか（ヒントは息子です）。
（　　　　　　）

C　中心となる五類を兄弟爻にして転類し、五類を変換します。
五類の下に変換した五類を記入して下さい。

D　転類した五類の何が用神になりますか。
（　　　　　　）

E　原神と忌神は転類した五類の何になりますか。
・原神（　　　　　　）・忌神（　　　　　　）

《占題三十九》転類トレーニング・解答

A　各十二支の五行を記入して下さい。

B　中心となる五類は何ですか。

（　子孫爻　）

C　中心となる五類を兄弟爻にして転類し、五類を変換します。

D　変換した五類の何が用神になりますか。

（　妻才爻　）

E　原神と忌神は転類した五類の何になりますか。

・原神（　子孫爻　）・忌神（　兄弟爻　）

＊AとCの解答は、次に示す完成図を参照して下さい。

＊事業占

《占題三十九・占断》転類・忌神両現

占的　自営業の息子の仕事はうまくいくか（母より）。

癸未年

乙卯月　癸卯日　空亡〔辰巳〕　本卦〔天水訟〕　之卦〔風山漸〕　47↓24

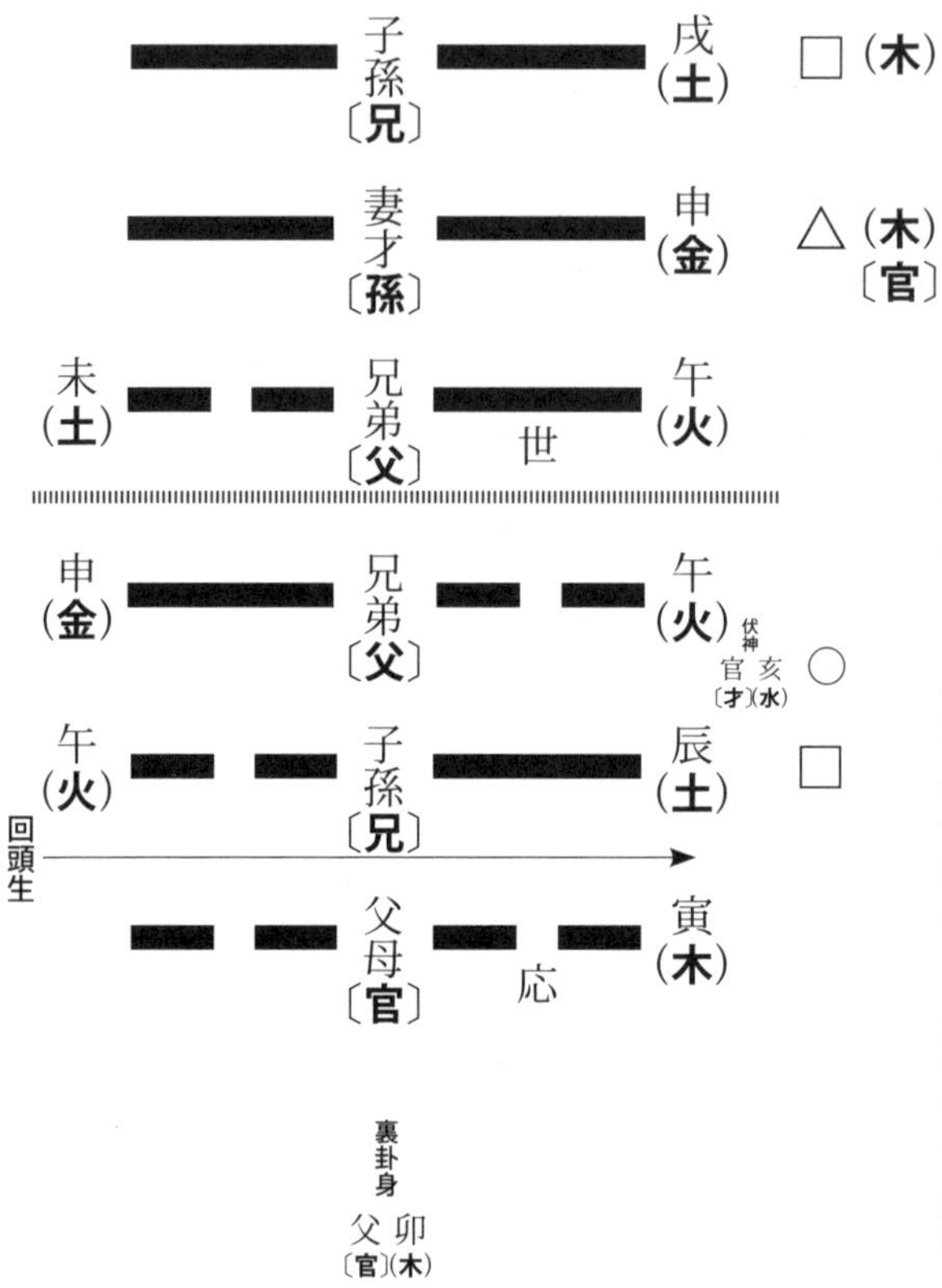

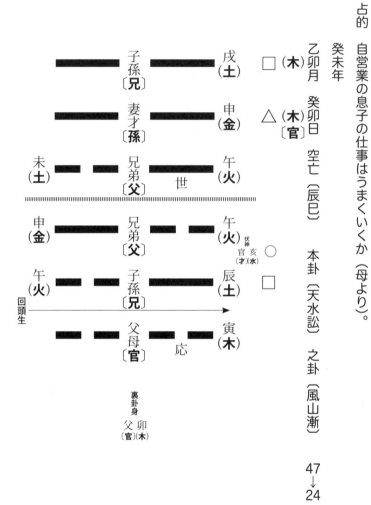

転類・用神（妻才爻）

個人事業での財運を訊いていますので妻才爻を用神にします。

各神	各神の位置	月建からの作用	日辰からの作用	その他の作用
○用神	三爻の兄〔父〕の午に伏する官〔才〕の亥	作用なし	作用なし	なし
△原神	五爻の才〔孫〕の申	休囚	休囚	なし
□忌神	二爻の孫〔兄〕の辰	休囚・剋	休囚・剋	回頭生
□忌神	上爻の孫〔兄〕の戌	月合	合起	なし

解説

用神は三爻の兄〔転類↓父〕の午に伏する官〔転類↓才〕の亥になります。伏していますので日月からの作用はなく無力です。原神は五爻の才〔転類↓孫〕の申ですが、動かず日月より休囚され力が出ません。忌神は、二爻の孫〔転類↓兄〕の辰と、上爻の孫〔転類↓兄〕の戌になります。基本の三神を選定する考え方で判断すれば、動いている方の二爻の孫〔転類↓兄〕の辰を選択するということになるのですが、静爻の上爻の孫〔転類↓兄〕の戌が、月建より月合し、日辰より合起して旺相していますので、忌神は、動爻の二爻の辰と静爻の上爻の戌の両現としました。忌神はこの両爻の力を見て判断していきます。

二爻の辰は日月より休囚して剋され、動いて回頭生の作用を後から受けますが、元になる日月からの力が全く不足していますので、たいして力は戻りません。上爻の戌は、静爻で勢いはありませんが、日月より旺相し用神に対抗する力を備えます。とはいえ、肝心の用神が伏し、原神も休囚していては、全く問題にならない相手です。この占断では凶としました。


この占題では、母親からの依頼で転類となりましたので、世爻その他を詳細に見ることはできません。また動く爻からの爻冲・爻合もありませんので、関連性として深く見るという判断も出来ません。この得卦で、特に注目すべく際立っているのが「卯」です。日辰帯類法で考えるならば、月建、日辰に「卯」の〔転類→官〕がつき、また裏卦身の父〔転類→官〕にも同じ「卯」がつき、官鬼爻が旺相するのは強烈です。

官鬼が旺相するのを、仕事として捉えるならば、仕事が忙しいという意味にもなり、良い傾向となるのですが、別の意味で「災い」、「病気」、「障害」などで捉えると、困難が多く難儀な状況を暗示させられるものがあります。

多忙な上に困難が付きまとい、骨が折れるわりには利益が伴わず、財力は乏しいといったような、事業の運営に暗雲が垂れ込める前途多難の様相を示しています。

次にいつ変化があるのか、といった応期を求めていきます。用神の亥が伏していますので、値で「**亥**」、裏卦身が「**卯**」なので、卯が冲する「**酉**」、または値の「**卯**」となります。

「年」で応期を、とも考えましたが、用神と原神の力がとても弱いので、年内に変化を求めて、月での応期（変化）はいつか、と判断して求めていきます。早ければ「**酉**」九月前後、年内で考えれば「**亥**」十一月前後、次の年であれば「**卯**」三月前後となりますが、亥月の前後が妥当かと判断しました。

第三十九章　納甲表（納爻表）

納甲とは、十干十二支の六十甲子を六十四卦の内卦、外卦、六爻に入れて配当する方法のことです。

納甲は漢代の京房から始まったものとされていますが、京房より先学の孟喜が得た陰陽災変を占候する書『漢書藝文志』に著録する「古五子十八篇」に、班固（『漢書』の篇述完成に努めた後漢の歴史家）の自注があって、「自甲子至壬子、説易陰陽」の記録が残されています。「五子」とは、甲子・丙子・戊子・庚子・壬子のことであり、易の陰陽を説くとは、陰陽五行家の説だということです。鈴木由次郎氏は著『漢易研究』で、この五子の説については、後の納甲納辰説の始めと成すものであるとし、納甲は『京房易伝』に見えるところだが、先駆者は孟喜からではないかとの見解を述べています。

元より孟喜が、易家の陰陽災変を占候する書を、昭帝の時に、師である田王孫から授けられたことを考慮すれば、納甲は孟喜からであり、視点を変えれば、孟喜以前から陰陽災変的片鱗があったことも否めない、と考察するところです。

京氏易としての占候易を遡れば、別途支流を流れた孟氏易、陰陽災変的説易を説いた孟喜に辿りつきます。孟喜が陰陽災変をもって易を説くという説が、同じように陰陽災異をもって易を説く、という京房の師である焦延寿により、卦気占候として、京房へと受け継がれていきます。

京房に元づくその複雑な占候法は、世応における納甲が、干支の属する五行や筮時の日時をもって、その相生相剋関係を見て吉凶判断していくという易説にあります。当時この京氏易は、漢代象数易の歴史上に、特異な意義をもって登場します。


京氏易を遡れば、陰陽災変的説易の孟氏易と類を同じとする源流に辿りつくのは、この両易が象数易の系譜に属するからだ、と直球でそのような考えに至るのは、至極自然なことだと察するのですが、漢代での経学は、師門による授受によるものが主流です。師法が厳格であるということを考慮すれば、何とも不可解にも思えてきます。

漢代、当時の学界における人脈や、その内在する事情の深さに、一筋縄では行かない世界を垣間見るようで、興感させられるものがあります。


京房の著書として残存するものに「京氏易伝」三巻（呉の陸績註）があります。京房の後学が師説を述べて名を署したものとされていますが、占卜ではこの書が模範となっています。

断易（五行易）は、筮立をした後に納甲を元として断じる占術ですので、「納甲易」とも言われる所以になっています。

＊納甲表（納爻表）・八純卦

①八純卦について

断易では周易の八純卦を土台にして十二支を配当していきます。

先ずは各宮の元となる八純卦の考え方ですが、既に上巻二五頁コラム「爻とは何か」で、八卦の家族の配当について説明したように、乾は八卦においては父となり、坤は母となります。二人には六人の子供がいますが、乾の父は三人の男の子（震・坎・艮）を率い、坤の母は三人の女の子（巽・離・兌）を率いています。

また、『説卦伝』に記載されているように、陰陽はお互いに生じあうということから、乾の陽卦は女の陰卦を求めますし、坤の陰卦は男の陽卦を求めてバランスを取ろうとします。

②卦の名称について

卦は、三爻の小成の卦の「八卦」と、六爻で成る大成の卦の「六十四卦」で成り立っていますが、その六爻の読み方については、これは勿論古筮法からきているので、今更変えることは出来ません。爻が陽爻であれば「九」で表し、陰爻であれば「六」で表すことになっています。

次に〔図1〕を見て下さい。

〔図1〕八純卦（首卦）・十二支十干表

陽卦（男卦）					陰卦（女卦）				
金性　乾	上九	━━━	戌		土性　坤	上六	━ ━	酉	
外卦	九五	━━━	申	壬	外卦	六五	━ ━	亥	癸
（父）	九四	━━━	午		（母）	六四	━ ━	丑	
	九三	━━━	辰			六三	━ ━	卯	
内卦	九二	━━━	寅	甲	内卦	六二	━ ━	巳	乙
	初九	━━━	子			初六	━ ━	未	
木性　震		━ ━	戌		木性　巽		━━━	卯	
外卦		━ ━	申		外卦		━━━	巳	
（長男）		━━━	午		（長女）		━ ━	未	
		━ ━	辰				━━━	酉	
内卦		━ ━	寅	庚	内卦		━━━	亥	辛
		━━━	子				━ ━	丑	
水性　坎		━ ━	子		火性　離		━━━	巳	
外卦		━━━	戌		外卦		━ ━	未	
（二男）		━ ━	申		（二女）		━━━	酉	
		━ ━	午				━━━	亥	
内卦		━━━	辰	戊	内卦		━ ━	丑	己
		━ ━	寅				━━━	卯	
土性　艮		━━━	寅		金性　兌		━ ━	未	
外卦		━ ━	子		外卦		━━━	酉	
（三男）		━ ━	戌		（三女）		━━━	亥	
		━━━	申				━ ━	丑	
内卦		━ ━	午	丙	内卦		━━━	卯	丁
		━ ━	辰				━━━	巳	

陽卦の金性・内卦、乾（☰）の最初が陽⚊なので、初九《しょきゅう》となっています。順次、下から九二《きゅうじ》・九三《きゅうさん》・九四《きゅうし》・九五《きゅうご》・上九《じょうきゅう》と表します。

陰卦の土性・内卦、坤（☷）は、最初の陰⚋を初六《しょりく》と表し、順次下から六二《りくじ》・六三《りくさん》・六四《りくし》・六五《りくご》・上《じょう》六《りく》と表します。この呼び方には諸説があるようです。

爻の読み方の「九」や「六」については、『説卦伝』に「天を参にし地を両にして数を倚つ」とあって、「一、三、五の奇数を合わせて九として陽爻とする」、「二、四の偶数を合わせて六として陰爻とする」と書かれていますし、本筮の揲筮をする場合の、筮竹を数える時の余策のことを表しているという説もあります。

また、『繫辞上伝』に、「四九の三十六策である時には老陽の九と名づけ、四六の二十四策である時には老陰の六と名づける」、「この九と六は動爻の数であるから、周は実質と文飾を備えているのでこれを用いて占う」と述べています。それぞれに理を持った諸解があります。

〈図1〉の八純卦が各爻の代表となりますが、先述したように、陽卦は女の陰卦を求め、坤の陰卦は男の陽卦を求めていきます。

＊八純卦の構成

・「乾」（父）は、内卦の最初の爻の初九と、外卦の最初の爻である九四に、陰爻を求めて「巽」を得て長女となり、これを巽為風《そんいふう》（䷸）と呼びます。

・「乾」（父）は、内卦の九二と外卦の九五に、陰を求めて「離」となり二女を得、これを離為火《りいか》（䷝）と呼びます。

・「乾」（父）は、内卦の九三と外卦の上九に、陰を求めて「兌」となり三女を得、これを兌為沢《だいたく》（䷹）と呼びます。

・「坤」（母）は、内卦の最初の爻の初六と、外卦の最初の爻である六四に、陽爻を求めて「震」を得て長男となり、これを震為雷《しんいらい》（䷲）と呼びます。

・「坤」（母）は、内卦の六二と外卦の六五に、陽を求めて「坎」となり二男を得、これを坎為水《かんいすい》（䷜）と呼びます。

・「坤」（母）は、内卦の六三と外卦の上六に、陽を求めて「艮」となり三男を得、これを艮為山《ごんいざん》（䷳）と呼びます。

＊十干のつけ方について

・「甲」は陽干の初めとなりますから、「乾」の内卦の三爻を取ります。
・「壬」は陽干の最後になりますから、「乾」の外卦の三爻を取ります。
・「乙」は陰干の初めとなりますから、「坤」の内卦の三爻を取ります。
・「癸」は陰干の最後になりますから、「坤」の外卦の三爻を取ります。

残りの六干については、陽干は男子につけていき、陰干は女子につけていきます。甲（陽干）、乙（陰干）の後には、丙（陽干）がきますので、丙は三男につけて、丁（陰干）は三女につけます。戊（陽干）は二男に、己（陰干）は二女に、庚（陽干）は長男に、辛（陰干）は長女につけていきます。

この八純卦は六十四卦の首卦（親の卦）となりますので、陽卦は「乾宮」、「震宮」、「坎宮」、「艮宮」と言い、陰卦は「坤宮」、「巽宮」、「離宮」、「兌宮」という言い方をします。

＊爻の十二支の配当について

十二支を配当する仕方は決まっていますので、「十二辰方位図」を基本にして、初爻より配置していきます。

乾の陽卦に属するものは（乾・震・坎・艮）が順進し、坤の陰卦に属するもの（坤・巽・離・兌）は逆進します。〔図1〕を参照しながら十二辰方位図で確認していって下さい。

〔図2〕十二辰方位図より、乾宮は○の子から始めます。陽卦なので、右回りに一つ飛ばして順進していきます。初爻は「子」、二爻は「寅」、三爻は「辰」、四爻は「午」、五爻は「申」、上爻は「戌」となります。

坤宮は陰卦なので、●の未から始めて逆進の左回りになります。初爻は「未」、二爻は「巳」、三爻は「卯」、四爻は「丑」、五爻は「亥」、上爻は「酉」となります。

他の宮については、

乾宮（父）と同じ陽卦に属する震宮は、「子」を初爻より始めて、坎宮は「寅」から始めて、艮宮は「辰」から始めて順進します。

坤宮（母）と同じ陰卦に属する巽宮は、「丑」を初爻より始めて、離宮は「卯」から始めて、兌宮は「巳」から始めて逆進します。

〔図2〕十二辰方位

○男卦（陽卦）
右回り（時計周り）

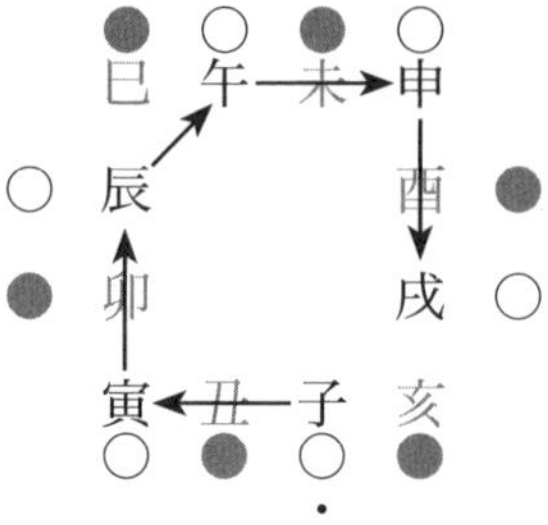

●女卦（陰卦）
左回り（反時計周り）

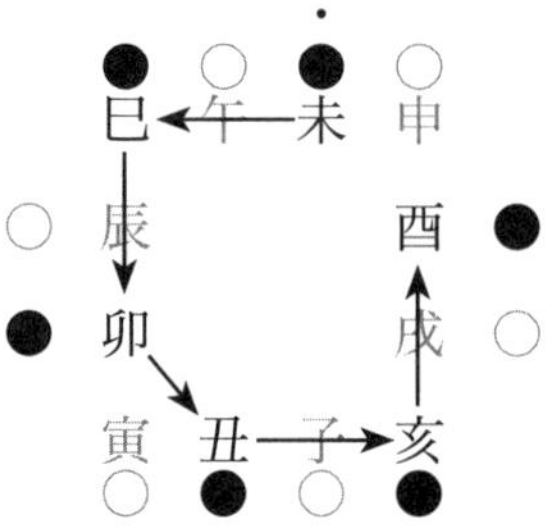

〔図3〕十二辰方位を表にしたもの

陰支	陽支
酉	戌
亥	申
丑	午
卯	辰
巳	寅
未	子

・陽支も陰支も下から上がっていく。
・陽支の戌で止まれば、次は子に戻り上に上がる。
・陰支の酉で止まれば、次は未に戻り上に上がる。

陰支
卯
巳
未
酉
亥
丑

↑・丑が初爻の場合の順

ここで気がつくのは、乾宮（父）と同じ陽卦に属する震宮の長男が、父と同じ「子」を初爻より始めていることです。長男は父親の後を継ぐものなので、父に属するということで、同じ「子」を初爻に持ってきているものだと解釈されます。長女の巽宮に関しては、母に属しながらも、家庭生活においては長男の次ということになるのでしょうか。十二支での順で言えば、「子」の次は「丑」になりますので、「丑」が初爻となって始まっています。

＊一世卦からの説明

「納爻表」は、八純卦からの各卦が表になったものが上巻付録に収載されていますので、その表を見れば一目瞭然ですが、ここで一世卦からの作成の順を一緒に見ていきたいと思います。乾宮が一番分り易いので、この卦を例にして説明していきます。

【納爻表の乾宮の欄を抜粋】

乾宮					
冲	乾	巳 1			八純卦
父	▬▬▬	戌		世上	
兄	▬▬▬	申			
官	▬▬▬	午			
父	▬▬▬	辰		応三	
才	▬▬▬	寅			
孫	▬▬▬	子			
	姤	四 2			一世卦
父	▬▬▬	戌			
兄	▬▬▬	申			
官	▬▬▬	午		応四	
兄	▬▬▬	酉			
孫	▬▬▬	亥	才寅		
父	▬ ▬	丑		世初	
	遯	未 3			二世卦
父	▬▬▬	戌			
兄	▬▬▬	申		応五	
官	▬▬▬	午			
兄	▬▬▬	申			
官	▬ ▬	午	才寅	世二	
父	▬ ▬	辰	孫子		
合	否	五 4			三世卦
父	▬▬▬	戌		応上	
兄	▬▬▬	申			
官	▬▬▬	午			
才	▬ ▬	卯		世三	
官	▬ ▬	巳			
父	▬ ▬	未	孫子		
	観	酉 5			四世卦
才	▬▬▬	卯			
官	▬▬▬	巳	兄申		
父	▬ ▬	未		世四	
才	▬ ▬	卯			
官	▬ ▬	巳			
父	▬ ▬	未	孫子	応初	
	剥	四 6			五世卦
才	▬▬▬	寅			
孫	▬ ▬	子	兄申	世五	
父	▬ ▬	戌			
才	▬ ▬	卯			
官	▬ ▬	巳		応二	
父	▬ ▬	未			
	晋	三 7			遊魂卦
官	▬▬▬	巳			
父	▬ ▬	未			
兄	▬▬▬	酉		世四	
才	▬ ▬	卯			
官	▬ ▬	巳			
父	▬ ▬	未	孫子	応初	
	大有	二 8			帰魂卦
官	▬▬▬	巳		応上	
父	▬ ▬	未			
兄	▬▬▬	酉			
父	▬▬▬	辰		世三	
才	▬▬▬	寅			
孫	▬▬▬	子			

納爻表から、乾宮の八純卦を横に並べ変えてみると、次のようになります。

〔図4〕

乾宮　金

八純卦（首卦）	━ ＊（世爻）	━	━	━	━	━	乾為天
一世卦	━	━	━	━	━	-- ＊	天風姤
二世卦	━	━	━	━	-- ＊	--	天山遯
三世卦	━	━	━	-- ＊	--	--	天地否
四世卦	━	━	-- ＊	--	--	--	風地観
五世卦	━	-- ＊	--	--	--	--	山地剥
遊魂卦	━	--	━ ＊	--	--	--	火地晋

＊は世爻の位置を示します。

帰魂卦　━ ╍ ━ ━ ━ ━　火天大有

＊

〔図4〕は、乾宮の八純卦から派生する子供の卦を表した基本となるものです。

＊派生していく卦

先ずは八純卦（首卦）から始めます。八純卦が親の卦だと考えて、親から子供が生まれるように派生していきます。

初爻より爻を順番に反《かえ》していきます。最初の初爻の陽を陰に反せば一世卦となり、初爻が世爻の爻位置になります。初爻に世爻があるので「一世卦」と言います。

次の二爻からも同じように五爻までを一爻ずつ反していきます。反した爻は必ず陽は陰になり、反した爻位置が世爻の位置となります。同時に呼び方は、五爻を反せば「五世卦」となるわけです。

五世卦の次の爻は、順番で言えば、次は上爻を反すことになるのですが、六番目の上爻を反すと、六爻全てが陰╍の卦になってしまいますので良くありません。全部が陰╍は、他の卦の八純卦の構成になってしまいますので具合が悪いのです。ですから五爻からは一つ下がって四爻の陰╍になっている爻を更に反して陽━にします。この四爻を世爻とする六番目の卦を「遊魂卦」と言います。上爻に行けないので、やむをえず魂はどこかに遊びに行ってしまった、ということで、「遊魂卦」と言います。その後、この魂は戻ってきます。次の七番目の卦は、遊びに行っていた魂が帰ってきた、ということで「帰魂卦」という名前が付いています。

七番目の帰魂卦は遊魂卦の次なので、その下の三爻を世爻として、二爻、初爻も一緒に反してしまいます。このように子供の卦は構成されていますが、各卦には〔図4〕に記されているように、各卦の名前がついています。

実占で得卦した卦は、納爻表で確認出来ますので事足りるのですが、例えば卦から世爻を探す場合には、その卦が何世卦になるのかを親の卦（八純卦）になるまで、その卦の初爻から反していって、辿り着いた親の卦から逆に、その卦までが何番目になるのかを数えれば、何世卦になるのかが分かります。

＊応爻

世爻の爻位置（何世卦）が分かれば、その二つの爻を隔てた爻位置が必ず応爻となっています。世爻と応爻の爻位置は二つの爻を間に置いて成り立っています。

〔例一〕

乾宮　金属

第一世

天風姤

＊五類のつけ方

天風姤を例にして説明していきます。天風姤は乾宮の第一世卦で、五行での所属は金に属していますので、我（金）を中心にして各支の五行との関係を見ていくことで五類が決まっていきます。

六親五類での生剋については既に上巻で説明済みですが、次の図のようになっています。次に、この生剋の理論から、天風姤を例にした五類を考えていきます。

【六親五類生剋表】

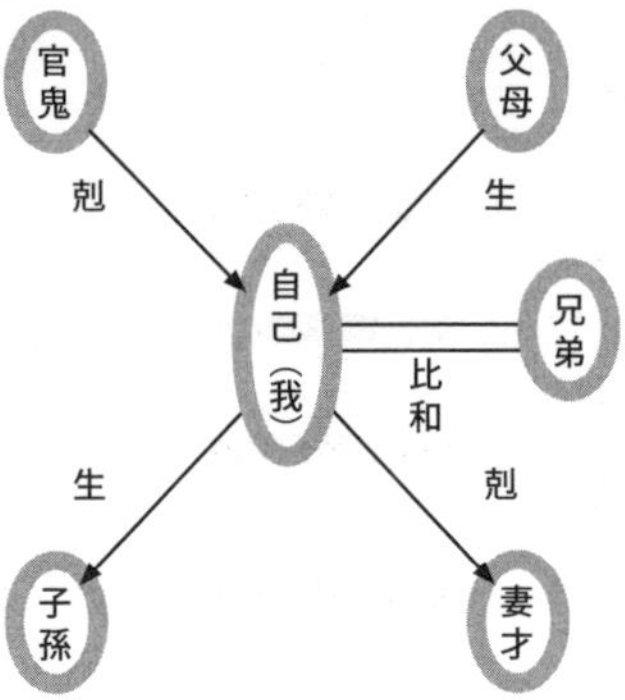

乾宮　金属　（土）（金）（火）（金）（水）（土）

第一世　戌　申　午　酉　亥　丑

天風姤

天風姤は乾宮の第一世卦で金に属しますので、我は（金）になります。（金）を中心にして五類を考えて付けていきます。

・初爻の丑（土）……我（金）は（土）より生じられますので、父母爻となります。
・二爻の亥（水）……我（金）が生じますので、子孫爻となります。
・三爻の酉（金）……我（金）と同じ比和ですので、兄弟爻となります。
・四爻の午（火）……我（金）は（火）より剋されますので、官鬼爻となります。
・五爻の申（金）……我（金）と同じ比和ですので、兄弟爻となります。
・上爻の戌（土）……我（金）は（土）より生じられますので、父母爻となります。

我との作用の関係の五類は初爻から〔図5〕のようになります。

【我が（金）のときの生剋表】

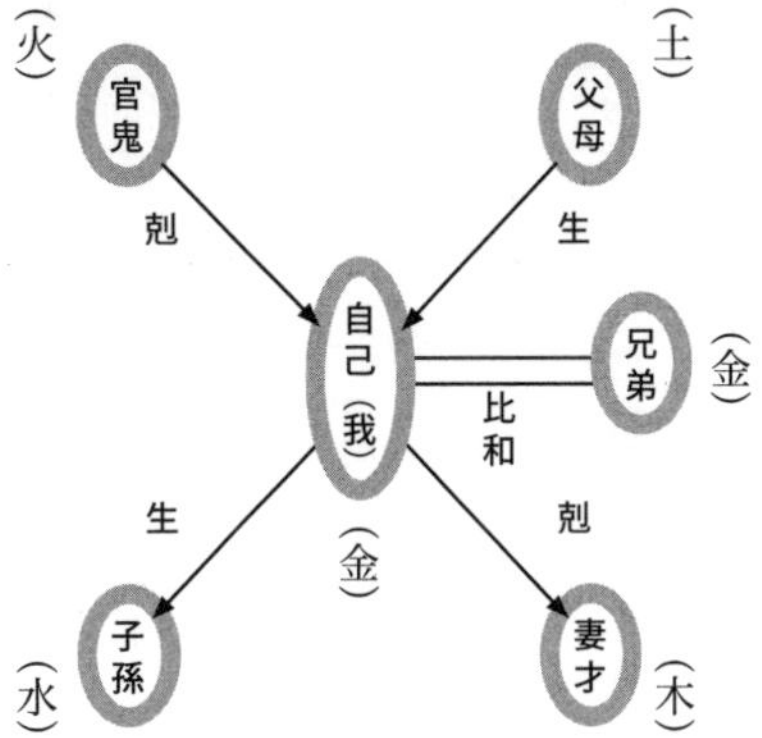

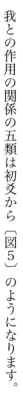

〔図5〕

乾宮　金属　（土）（金）（火）（金）（水）（土）

第一世

天風姤

＊卦身・裏卦身

卦身は別名、月卦身とも言いますが、卦身の説明は上巻にも記載していますので、詳細は省きます。〔図5〕のように六親五類が配置されましたら、今度は卦身の取り方、卦身の爻位置についての説明に入りたいと思います。

先ずは卦中にある世爻が、陽爻か陰爻かによって取り方が違ってきます。

・世爻が陽爻の場合には、初爻より子、丑、寅、卯、辰、巳と順に数えていきます。

・世爻が陰爻の場合には、初爻より午、未、申、酉、戌、亥と順に数えていきます。

卦を初爻から順に右に示した支を数えていって、世爻に当たった支が卦身となります。もし卦中に支がない場合には裏卦身として別に表記します。

〔図6〕の卦身を乾宮、遊魂卦を例にして考えていきます。この火地晋は遊魂卦ですから世爻の爻位置は四爻になります。世爻は陽爻なので、十二支の子から世爻までを数えますと、四つ目は卯になりますので、三爻の卯が卦身となります。

〔図6〕卦身

乾宮　金属

遊魂卦

火地晋

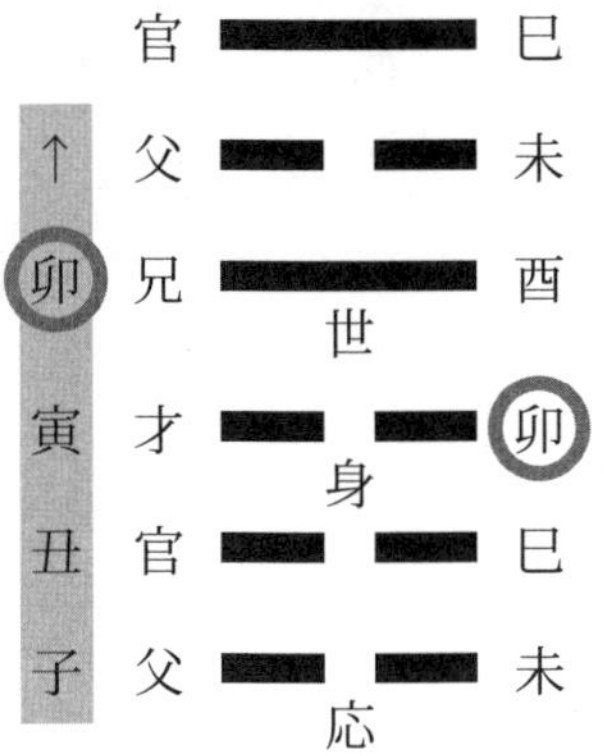

裏卦身の例として第四世の風地観を見ますと、四爻の世爻が陰爻を持っていますので、初爻から順に午から数えますと、世爻の爻位置に四番目の酉が配置されます。卦身は酉、ということになりますが、この風地観の卦中には酉がありません。卦中に明現出来ない場合には裏卦身として別に表記します

〔図7〕裏卦身の例

乾宮　金属

第四世卦

風地観

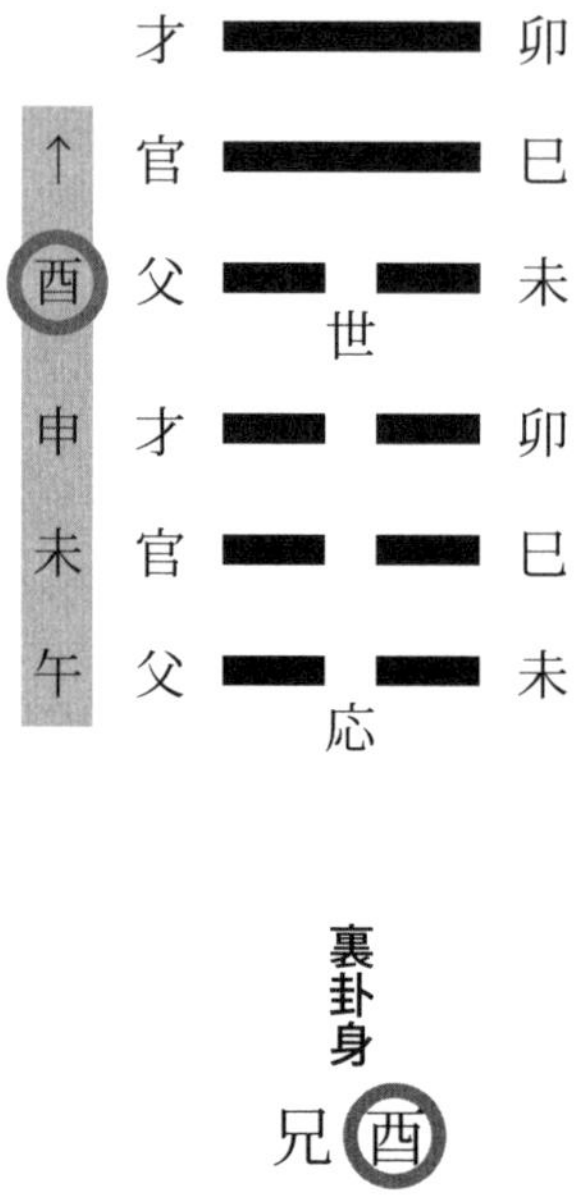

〔卦身・裏卦身十二支表〕

爻	陰	陽
上爻	亥	巳
五爻	戌	辰
四爻	酉	卯
三爻	申	寅
二爻	未	丑
初爻	午	子

*伏神・飛神

伏神については上巻で既に説明しておりますように、飛神に伏しているもののことを言います。飛神とは卦に出現している五類のことを示しています。次の乾宮、第三世卦（子供の卦）の天地否を見て下さい。この天地否を初爻から見ていくと、子孫爻の孫がないことが分かります。五行で言えば（水）がありません。六親五類の全てが揃っていなければバランスが悪いということで、この卦中にない子孫爻の爻を（親の卦）である八純卦の乾為天から借りてきます。乾為天の初爻の子孫爻の子を天地否の初爻の未の下に隠すように小さく「伏・孫子」と書き加えます。これで天地否が完成しました。

《親の卦》

乾宮　金属

八純卦

乾為天

父	━━━	戌	(土)
	世		
兄	━━━	申	(金)
官	━━━	午	(火)
父	━━━	辰	(土)
	応		
才	━━━	寅	(木)
孫	━━━	子	(水)

《子の卦》

乾宮　金属

第三世卦

天地否

父	━━━	戌	(土)
	応		
兄	━━━	申	(金)
	身		
官	━━━	午	(火)
才	━ ━	卯	(木)
	世		
官	━ ━	巳	(火)
父	━ ━	未	(土)
		伏神 孫子	

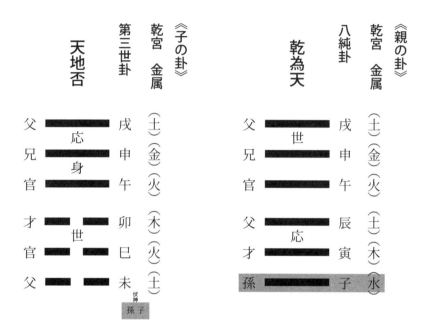

※天地否には、本来無い子孫爻の子（水）の卦を、親の卦である乾為天から伏神として借りて来ていますので、伏神は休囚として扱うのです。ですから伏神が合冲して提抜するということがありませんし、飛神からの作用で旺相するということもありません。飛神とは、この天地否の場合だと、伏神の孫の子のある初爻の父母爻の未のことになります。伏神に対しての飛神ということです。

第四十章　頻出用語レファレンス

＊十干（じっかん）・十二支（じゅうにし）

・干は幹、支は枝を表します。
陽干は甲、丙、戊、庚、壬。陰干は乙、丁、己、辛、癸。
・十二支も陰陽に区別されます。陽支は子、寅、辰、午、申、戌。陰支は丑、卯、巳、未、酉、亥。
十二支の五行分類は、木性は寅卯、火性は巳午、土性は丑未辰戌、金性は申酉、水性は亥子となります。

主に断易では十二支を中心に判断していきます。

＊三伝（さんでん）

占事る時の年、月、日のことを三伝としますが、断易では、年は太歳（たいさい）、または歳星（さいせい）、月は月建（げっけん）、日は日辰（にっしん）という言い方をします。

この三伝が、主となる用神、他の神へ及ぼす五行の力によって占断していきますので、非常に大事です。

三伝より各神への影響力はありますが、卦爻内から三伝へ力が伝わることは全くありません。

＊納甲・納爻（なっこう）

得卦した各六つの爻に、十二支と六親を配当することを言います。

＊本卦（ほんか）・之卦（しか）

本卦とは、立筮で最初に得卦した基本となる爻のことを言い、之卦は本卦の後に得る卦のことです。

＊動爻（どうこう）・静爻（せいこう）

得卦した卦で、動きのある爻のことを動爻と言い、動きのないものを静爻と言います。

＊本爻（ほんこう）・化爻（かこう）〔変爻（へんこう）〕

本卦で得た爻のことを本爻と言います。化爻・変爻は、得卦した卦に動爻があって他の支に変化した爻のことをいいます。化爻は変爻とも言います。

＊内卦（ないか）・外卦（がいか）

得卦した卦の一番下の爻から順に初爻、二爻、三爻までを内卦と言い、四爻から五爻、六爻（上爻）までを外卦と言います。得卦した三爻と四爻の間に線引きをすると、内卦と外卦が一目でわかりますので占断上便利です。

＊世爻（せこう）・応爻（おうこう）

納爻表を見ると、例えば乾為天でしたら、上爻の父母爻の卦に世爻と書いてありますが、世爻とは我（自分）という意味になります。自分自身の事柄について占事る場合には世爻を用神とします。同じ乾為天の三爻の父母爻には応爻と書いてありますが、応爻は世爻に対する相手という意味になります。用神選定では用神を決めにくい場合に用いたりします。

＊間爻（かんこう）

世爻と応爻の間にある二つの爻のことをいいます。世爻（自分）と応爻（相手）とする場合での占的（占う目的や内容）では、仲介人として見たりする場合もあります。

＊用神（ようじん）

占的における内容の主となる爻のことを言います。用神の選定を間違えば、的中しないばかりか、応期断法も間違うことになります。占事る前には心して用神を決めなければなりません。用神を何にするのかを迷えば、迷いの卦が出て神機を得ることが出来ません。

＊原神、元神（げんしん）

用神を生じて助け、バックアップするのが原神です。従って原神が動いて勢いがあり旺相するのが望ましいことではありますが、占的によっては、旺相せず力の無い方が、吉象として捉える場合もありますので、注意しなければなりません。

＊忌神（きじん）

用神を剋し痛めつけるのが忌神です。ですから忌神は動かず休囚するほうが良いということになりますが、病症占では、逆に用神である官鬼に対して、忌神は勢いがあって動き旺相している方が吉象となります。

＊仇神（きゅうしん）

仇神は、原神を剋して忌神を生ずる爻のことです。もし仇神が動いていれば、用神を剋する役目の忌神を生ずる可能性も出てきますので、動きのある仇神は、日月からの力具合を考慮して判断の目安にしなければなりません。

＊値日（ちじつ）

値日（ちび）とも言ったりします。用神の爻の出た支、卦身の爻と同じ支の日のことです。応期断法で使用します。

＊六親五類（りくしんごるい）

易卦にそれぞれ配置される十二支に、兄弟、子孫、妻才、官鬼、父母の人事を配置し、「我」を含んだ六つで「六親」と称し、我を除く兄弟、子孫、妻才、官鬼、父母を「五類」といいます。六親五類は必ず五行のエレメント（木属、火属、土属、金属、水属）に配されます。

＊飛神（ひじん）・伏神（ふくじん）

納爻表の天風姤を例にすると、二爻の子孫の亥に伏している妻才の寅を伏神といい、この伏神に対して二爻の子孫の亥を飛神といいます。

＊卦身（かしん）［月卦身］

卦身は別名月卦身ともいい、得卦した卦での大事なポイントやテーマを表します。卦身のない卦もあります。

・卦身には表と裏があり、伏神に卦身がつく場合もあります。この場合、日辰からの生剋合冲によって卦身を深く見ることが出来ます。吉凶判断、応期断法などの占断、現代断易では世爻の分身としても判断します。

＊裏卦身（うらかしん）

卦中に明現しない場合を裏卦身といいます。伏神に卦身がついた場合には裏卦身として考えます。

＊提抜（ていばつ）

日月や動爻から「生扶拱合」（せいふきょうごう）の作用によって伏神が出現することを言います。生扶拱合とは、月建や日辰からの作用によって伏神に力を与えることです。

現代断易では、伏神が月建、日辰からの併起によるものを重視します。

＊乱動（らんどう）

得卦した爻で三爻以上が動いている場合に乱動の卦といいます。

＊独静（どくせい）・独発（どくはつ）

易卦の六爻のうち、五爻が全て動き一爻のみが動かないことを独静と言い、反対に五爻が動かず、一爻のみが動いている場合を独発といいます。

＊尽静（じんせい）・尽発（じんはつ）

尽静は六爻全てが動かずに安静のことを言い、尽発は六爻全てが動いている場合のことを言います。

＊用神両現（ようじんりょうげん）〔用神多現〕

得卦した卦中に用神が両爻出現することを言います。

＊生剋（しょうこく）

生じたり剋したりすることの意を言います。

＊旺相（おうそう）・休囚（きゅうしゅう）・休囚剋（きゅうしゅうこく）

旺相は、勢いがあって力が強いことを意味します。その反対に休囚は勢いが弱く休んでいるような状態をいいます。休囚で更に日月より剋されている場合には、休囚・剋と表します。休囚・剋の方が剋されている分、休囚よりひ弱なことを意味します。

＊合（ごう）・冲（ちゅう）

合はお互いに助け合って勢いを増す意味で、午と未、巳と申、辰と酉、卯と戌、寅と亥、丑と子の組み合わせがあります。冲は十二支冲を用い、別名衝（しょう）とも言います。冲するものはお互いに対立したり阻害したりするという意味があります。

＊朋冲（ほうちゅう）・異行の冲（いこうのちゅう）

同行どうしの冲を朋冲といい、辰と戌、丑と未の組み合わせがあります。また、行の違う冲のことを異行の冲といい、巳と亥、卯と酉、寅と申、子と午があります。

＊比和（ひわ）

月建か日辰に、用神と同行の十二支がある場合を比和といいます。例えば、月建が申月で用神が酉、または日辰が申で用神が酉といった場合に、それぞれの表記は比和と表します。

＊月併（げっぺい）・日併（にっぺい）

用神が月建と同じ十二支である場合、月建に併起することになりますが、これを月併といいます。また、日辰と同じ十二支であればこれを日併といいます。比和よりも力の勢いがあります。

＊月破（げっぱ）

月建から用神が冲されることを言います、月破の間は休囚と同じ作用となります。

＊月合（げつごう）

月建から用神が合されることをいいます。

＊合起（ごうき）

安静な爻が日辰から合されることを合起と言います。

＊合住（ごうじゅう）・爻合住（こうごうじゅう）

発動した用神が日辰より合された場合に合住といい、動爻としての勢いを失います。

内卦、または外卦で、本爻と化爻との関係が合になっていて、三爻全てが動き隣接して並んでいる爻姿のことを爻合住といいます。爻合住に用神があれば、動きがとれずに物事が中断する暗示があります。

＊冲散（ちゅうさん）

発動した用神が日辰より冲された場合、または安静の用神が月建より休囚し日辰より冲された場合に冲散と言い、物事が散じてバラバラになる意です。

＊冲起暗動（ちゅうきあんどう）

安静の用神が日辰より朋冲した場合、または月建からは旺相するが、日辰より冲された場合には冲起暗動と言い、暗に動くと言って、動爻と似た働きをして勢いがつき力が増します。

＊六合卦（りくごうか）・六冲卦（りくちゅうか）

・六合卦（六合）……例えば、納甲表で天地否の場合、初爻の未と四爻の午が合の関係、二爻の巳と五爻の申が合の関係、同様に三爻の卯と上爻の戌が合になっている卦のことを言います。

・六冲卦（六冲）……納甲表で乾為天の場合、初爻の子が四爻の午と冲の関係、二爻の寅が五爻の申と冲の関係、同様に三爻の辰が上爻の戌と冲になっている卦のことを言います。

＊回頭生（かいとうせい）・回頭剋（かいとうこく）

化爻から本爻が生ぜられることを回頭生といい、本爻は勢いが増します。また、化爻から本爻が剋される場合には、回頭剋といって勢いを失い休囚します。

＊泄気（えいき）

動爻で本爻の十二支から化爻の十二支に生じることを泄気と言い、本爻の力が化爻に洩れたり衰弱したりする意です。例えば、本爻が巳で化して戌の場合、火生土と作用し、泄気となります。

＊日辰変壊（にっしんへんかい）

日併（日辰と同じ十二支）して旺相している爻が回頭の剋に化したことを言います。

＊進神（しんじん）・退神（たいじん）

・化出の爻が本爻と同じ五行であって、先に十二支の順位になって進んでおればこれを進神といい、逆の十二支の順位になっているものを退神と言います。

・進神の順は、丑辰、寅卯、辰未、未戌、申酉となり、退神の順は、進神の逆を取り、辰丑、卯寅、未辰、戌未、酉申となります。

＊伏吟（ふくぎん）・準伏吟（じゅんふくぎん）

・伏吟とは、出るに出られず進退に苦慮し苦吟呻吟する様の意です。伏吟の爻姿は、動爻二つの爻が隣接しており、本爻の支と同じ支が化爻に出ることです。例えば得卦した爻の二爻の寅が動いて寅に化し、三爻の辰が化爻にも辰が出るというような爻姿のことです。内卦に伏吟があれば内卦伏吟といい、外卦にあれば外卦伏吟と言います。

・準伏吟は伏吟に準じた凶意を持ちますが、伏吟より若干軽いと判断します。例えば本卦が離為火、之卦に坎為水を得卦した場合に、現代断易では卦象は考えませんので、内卦、初爻の卯が化爻の寅に退神し、二爻の丑が辰へと進神する、進神と退神の二つのペアが出現した準伏吟として判断していきます。内卦に準伏吟があれば内卦準伏吟、外卦にあれば外卦準伏吟と言います。

＊反吟（はんぎん）・真反吟（回頭剋の反吟）

反吟とは苦吟、呻吟を繰り返し物事がうまく運ばないという凶意を持つ作用と考えます。判断上では伏吟と同じレベルでの凶象として捉えます。

本爻の十二支と化爻の十二支が冲する動爻が二つ隣接した場合に反吟と言います。反吟の冲する関係の十二支は卯と酉、巳と亥の二つしかありません。内卦で反吟した場合には内卦反吟と言い、外卦で反吟した場合には外卦反吟と言います。

反吟でも化爻から回頭剋になっている場合には真反吟、または回頭剋の反吟と言って、反吟より更に凶意が増します。例えば化爻が酉で本爻が卯、化爻が亥で本爻が巳である二つの爻がペアになって隣接している場合のことを言います。

＊爻冲（こうちゅう）・爻合（こうごう）

動爻が他の爻を冲したり合したりすることです。

発動した爻によって他爻を合冲した場合に、他爻自体が合住したり冲散にはなりません。用神、原神、忌神についての爻冲爻合については、それぞれの関連性として考えます。

＊空亡（くうぼう）［旬空］（じゅんくう）

十干と十二支を組み合わせると、二支余ります。この余りの二支を空亡と言い、空亡に当たる爻は十日間の動きが休止となり、自らの力を発揮できない状態となります。静爻のみに空亡を取ります。

＊有用の空亡

静爻ではあるが、空亡とは取らずに有用に機能することを言います。

＊合実（ごうじつ）・冲実（ちゅうじつ）

空亡の静爻に対して日辰から合されることを合実、冲されることを冲実と言い、有用の空亡となって作用します。

＊三合会局（さんごうかいきょく）

合義は、何れも三合に会すれば、各局の支が強力な力を持ち威力を発揮する、という意で吉象として捉えますが、特殊作用の一つとして判断していきます。

三合会局は、三支が全て動くこと、日辰を含めて二支が動くこと、また化爻とその本爻と他の動爻との支で合することが会局の条件です。

各局は、方位と同じで亥卯未の木局、申子辰の水局、寅午戌の火局、巳酉丑の金局の「四行」によるものとされていますが、現代断易では、この四つの局に午戌寅の土局を加えた「五行」で占断の目安にしています。土局は、『淮南子《えなんじ》』（前漢の思想書）の古説に拠るものですが、この土局を取り入れることで五行が揃い、占断上バランスが取れて良い、と熟慮してのことです。

＊虚一待用（きょいつたいよう）

本爻で二爻が発動し、他一爻を待てば、三合会局となる場合を虚一待用と言います。
例えば、申爻と子爻が動き、辰が静爻で動いていない場合に、辰を待つことの意です。
・応期断法では、虚一待用の待つ十二支が応期と合致すれば、確かな応期として判断の目安にすることがあります。

＊日辰帯類（にっしんたいるい）

例えば占事た日が午日として、得卦した卦に午と同じ火行の巳に官鬼爻がついていたならば、日辰に官鬼を帯類していると言います。

＊応期（おうき）・応期断法（おうきだんぽう）

占事た事柄がいつ終結するのかといった時期、応ずる日のことを言います。
応期断法とは、その応期を占断する方法のことを言います。
また、応期に関して、卦身は物事が発生した時期というように見ることもあります。

第四十一章　占断方法・まとめ

基本となる占断方法の流れを最後にまとめてみました。

①鑑定用紙（ノート）に占的、年月日（暦）、空亡を記入します。

〔例〕

身命占

（二〇一八年三月一四日）

占的　明日の運勢

戊戌年　乙卯月　乙巳日　空亡〔寅卯〕

巻末の暦を参照して記載
【詳細は上巻四六頁参照】

六十干支表（上巻二五六頁・下巻二五四頁）を参照して記載
【詳細は上巻四八頁参照】

＊六十干支表

										空亡
甲子	乙丑	丙寅	丁卯	戊辰	己巳	庚午	辛未	壬申	癸酉	戌亥
甲戌	乙亥	丙子	丁丑	戊寅	己卯	庚辰	辛巳	壬午	癸未	申酉
甲申	乙酉	丙戌	丁亥	戊子	己丑	庚寅	辛卯	壬辰	癸巳	午未
甲午	乙未	丙申	丁酉	戊戌	己亥	庚子	辛丑	壬寅	癸卯	辰巳
甲辰	乙巳	丙午	丁未	戊申	己酉	庚戌	辛亥	壬子	癸丑	寅卯
甲寅	乙卯	丙辰	丁巳	戊午	己未	庚申	辛酉	壬戌	癸亥	子丑

②占的の用神を決めます。

占いの内容によって用神を決めます。「明日の運勢」を知りたいといった「身命占」の場合は、「世爻」を用神にします。

「身命占」以外の「目的占」の場合は、例えば、女性から男性に対する恋愛占いは「官鬼爻」、男性から女性に対する恋愛占いは「妻才爻」、財運の場合は「妻才爻」、病気の症状などは「官鬼爻」といったように、「父母爻」「妻才爻」「子孫爻」「官鬼爻」「兄弟爻」の中から選んで決定します。

※慣れるまでは、用神分類リスト（上巻二五三頁・下巻二五一頁参照）を参考にして、用神を選択してください。

③筮立する前に心を落ち着かせて、あまり考え込まないで、八面体サイコロ二個を使って得卦します。

身命占
（二〇一八年三月一四日）
占的　明日の運勢
戊戌年　乙卯月　乙巳日　空亡〔寅卯〕

本卦〔雷風恒〕之卦〔水天需〕28↓55

六十四卦配当表（上巻二五七頁・下巻二五八頁）を参照して記載【詳細は上巻五一頁参照】

内卦→ 坤	艮	坎	巽	震	離	兌	乾	外卦
4	3	47	2	37	48	22	1	乾
59	60	58	31	32	13	57	54	兌
7	42	44	43	38	41	21	8	離
26	63	27	28	25	14	64	53	震
5	24	46	33	36	35	23	34	巽
56	61	9	30	11	12	10	55	坎
6	17	45	40	39	18	20	19	艮
49	62	16	29	50	15	51	52	坤

④納爻表を見て立卦を記入して納爻します。
納爻表（上巻二五八頁・下巻二五九頁参照）を使用しながら、上巻五四頁以降を参考にして納爻していきます。

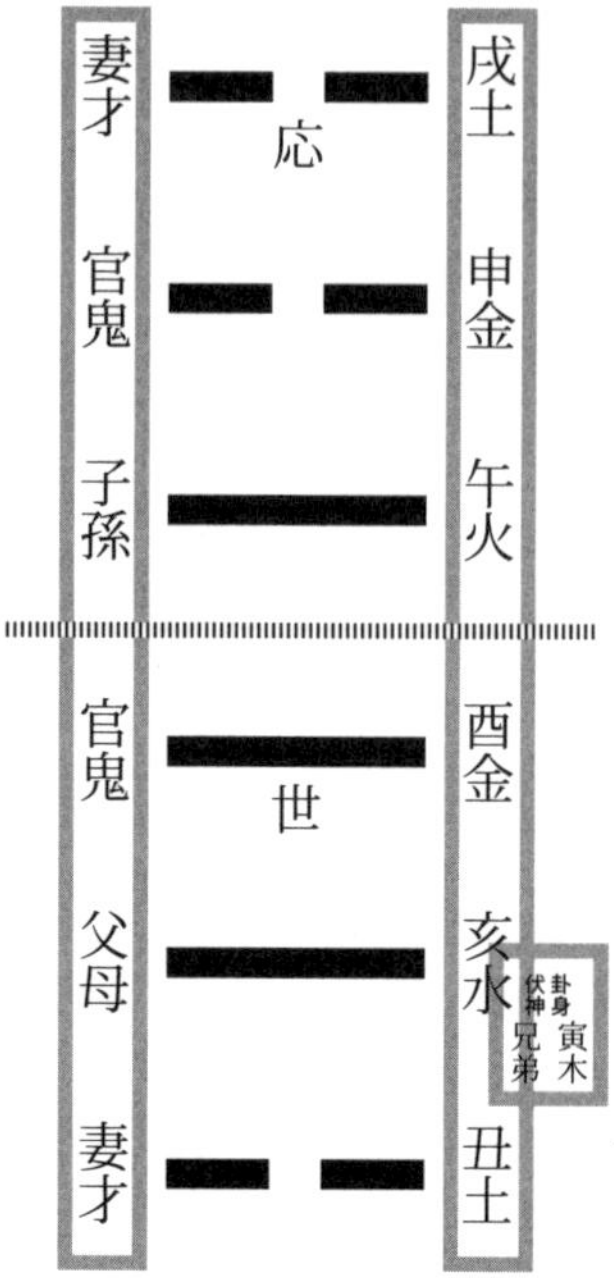

本卦の転記

一、爻姿（⚋と⚊）を転記します。

二、爻の右側に十二支五行、左側に六親五類を記していきます。

三、伏神があれば伏した爻の右下に記します。

四、世爻と応爻、卦身（裏卦身）も記します。

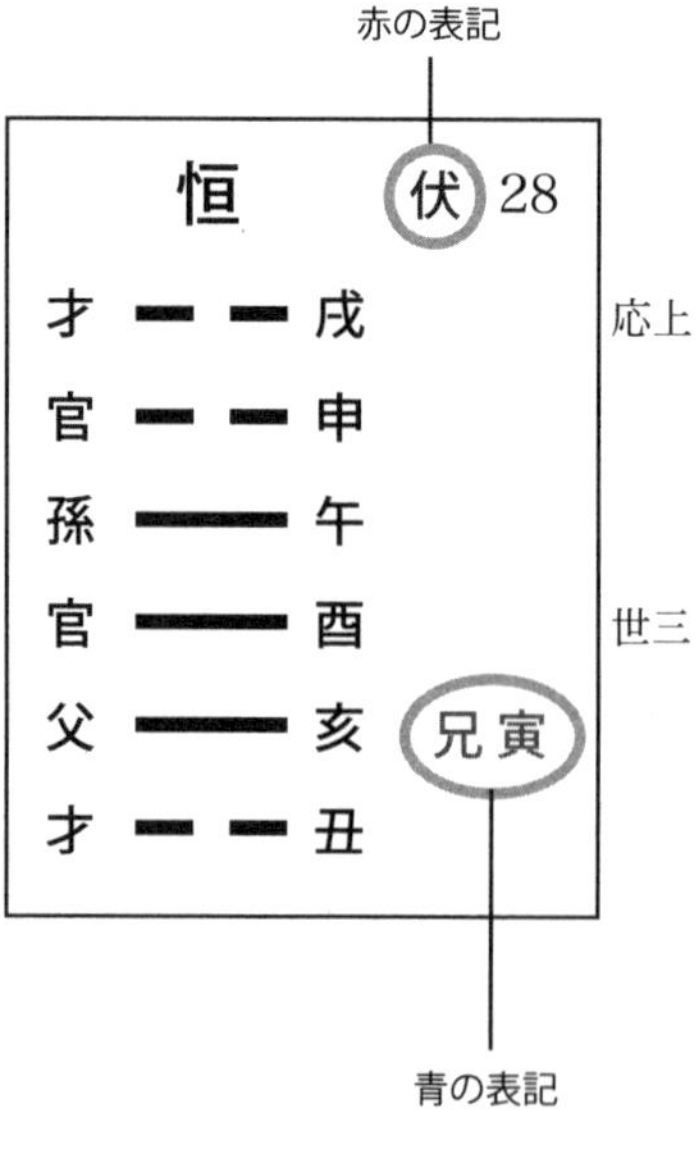

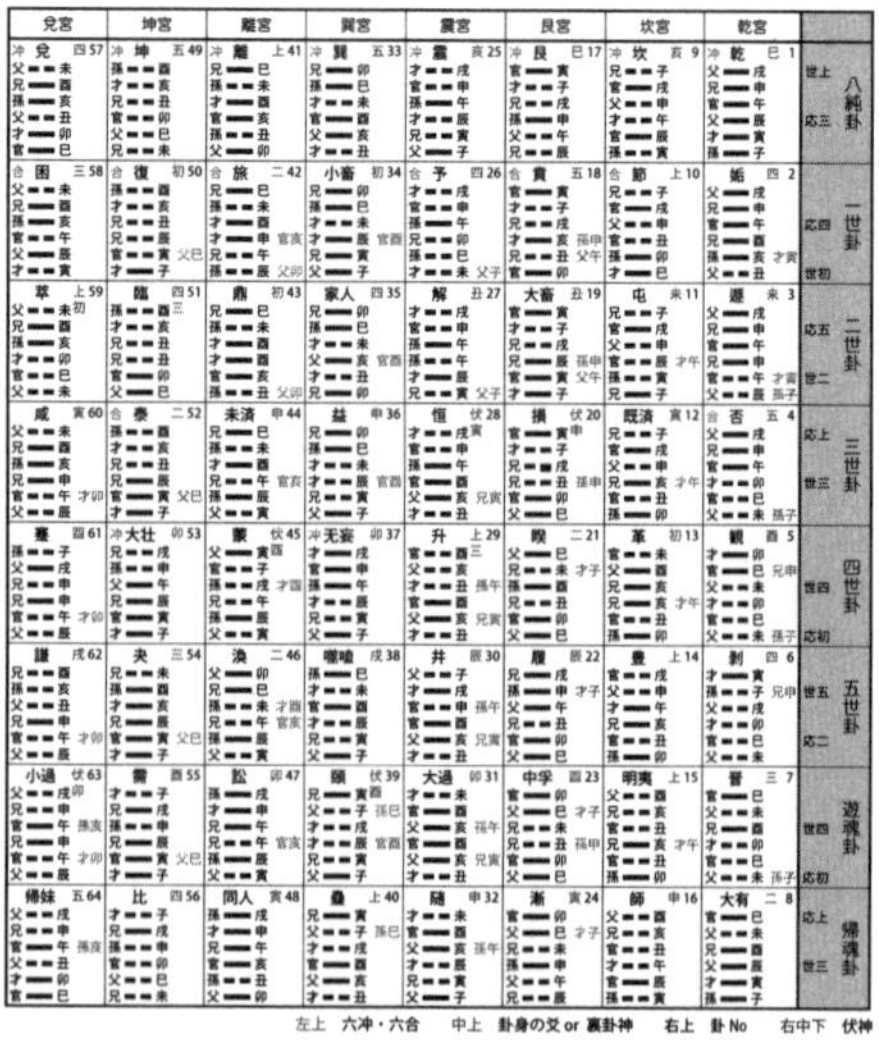

之卦の転記

変爻した箇所のみ、左側に十二支五行を記します。これで納爻は終了です。

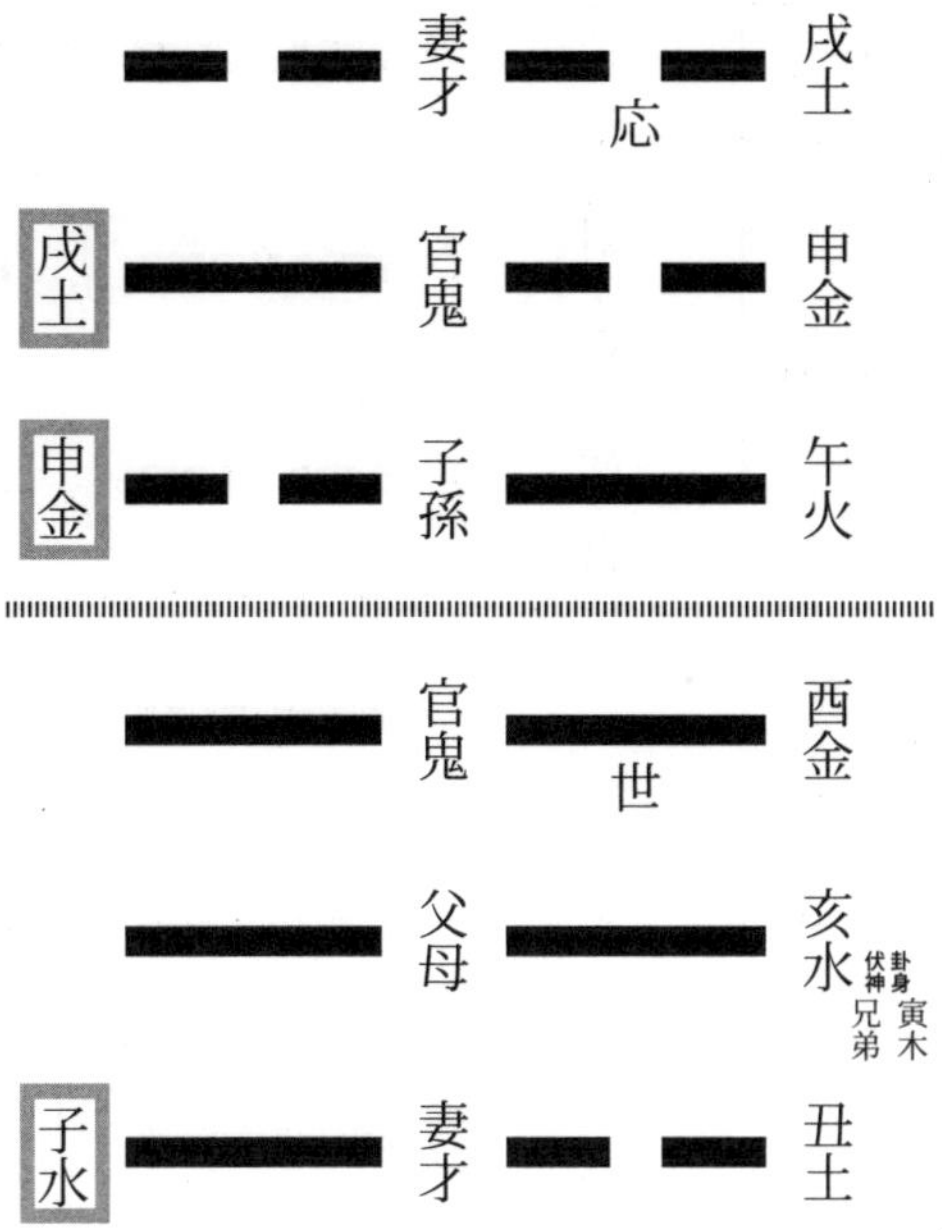

⑤三神を記号（用神○、原神△、忌神□、仇神◇）にして爻図の左に書き加えます。

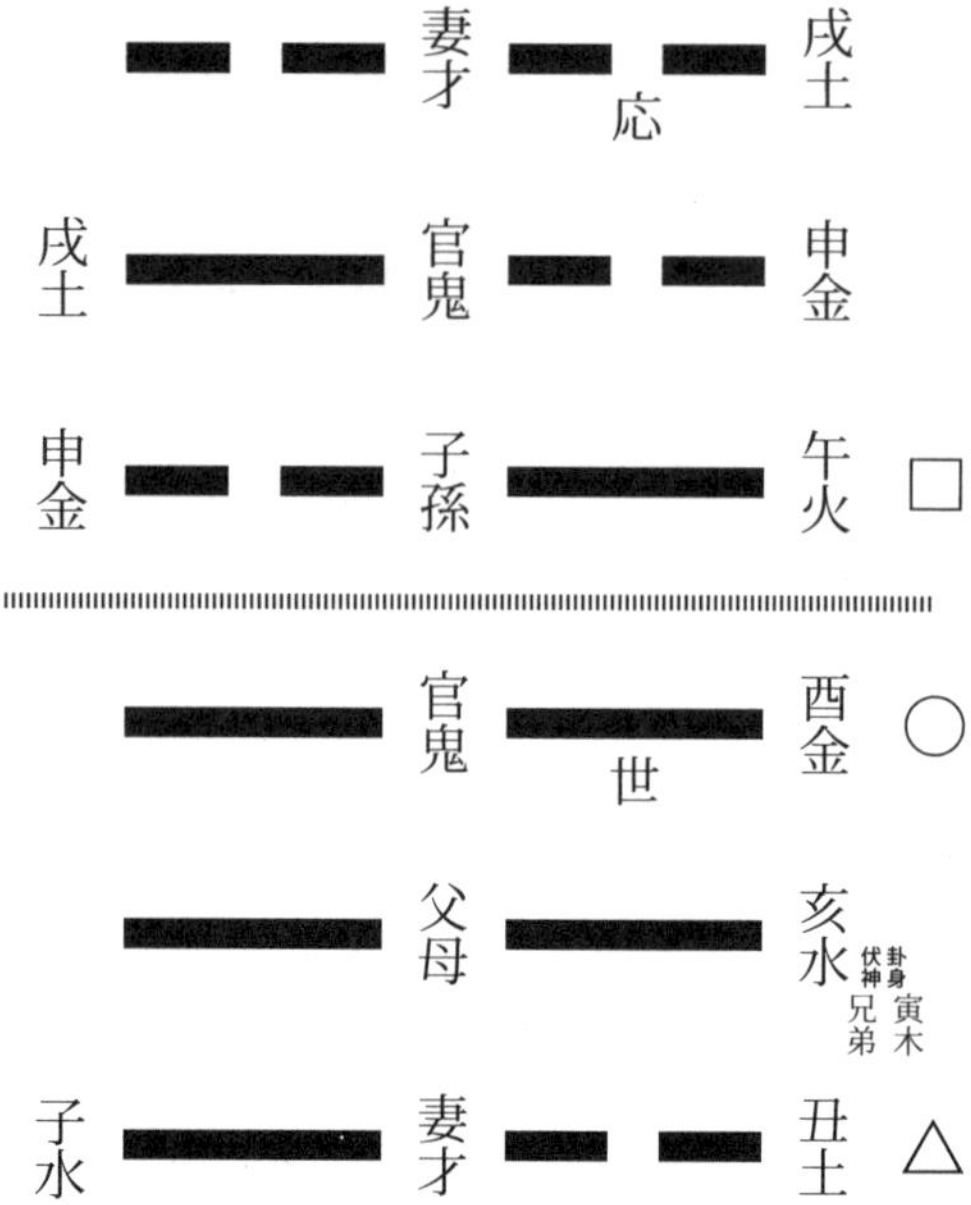

⑥三神に対する月建・日辰からの作用をノートに順に書いていきます。

各神	各神の位置	月建からの作用	日辰からの作用	その他の作用
○用神	三爻の官の酉	冲（月破）	休囚・剋	
△原神	初爻の才の丑	休囚・剋	旺相（生）	
□忌神	四爻の孫の午	旺相（生）	旺相（比和）	

⑦空亡の有無を確認します（「その他の作用」に、空亡がある場合は「空亡」と書き込む）。
空亡は寅と卯になりますが、この三神に空亡の作用が働いているか確認します。
用神は酉、原神は丑、忌神は午ですので、空亡の作用はありません。

各神	各神の位置	月建からの作用	日辰からの作用	その他の作用
○用神	三爻の官の酉	冲（月破）	休囚・剋	なし
△原神	初爻の才の丑	休囚・剋	旺相（生）	なし
□忌神	四爻の孫の午	旺相（生）	旺相（比和）	なし

ちなみに、下記の条件によって、空亡であるかないかが変わってきますので、注意して下さい。
※空亡は静爻のみ適用されます。
※伏神の場合にも現れます。
※月建、日辰より旺相している場合は空亡にはなりません（有用の空亡）。
※日辰から合したり冲している場合も空亡にはなりません（合実・冲実）。
⑧日辰がどの六親五類になっているのかを確認する。

日辰の巳（火）は、本爻の四爻の午（火）の子孫爻と同じ五行ですので、「日辰に子孫爻が帯類している」という表現をします。その六親五類である神は、日から強くなる可能性があります。詳細は、上巻七五頁を参照してください。

乙卯月　乙巳日　空亡（寅卯）　本卦（雷風恒）　之卦（水天需）　28→55

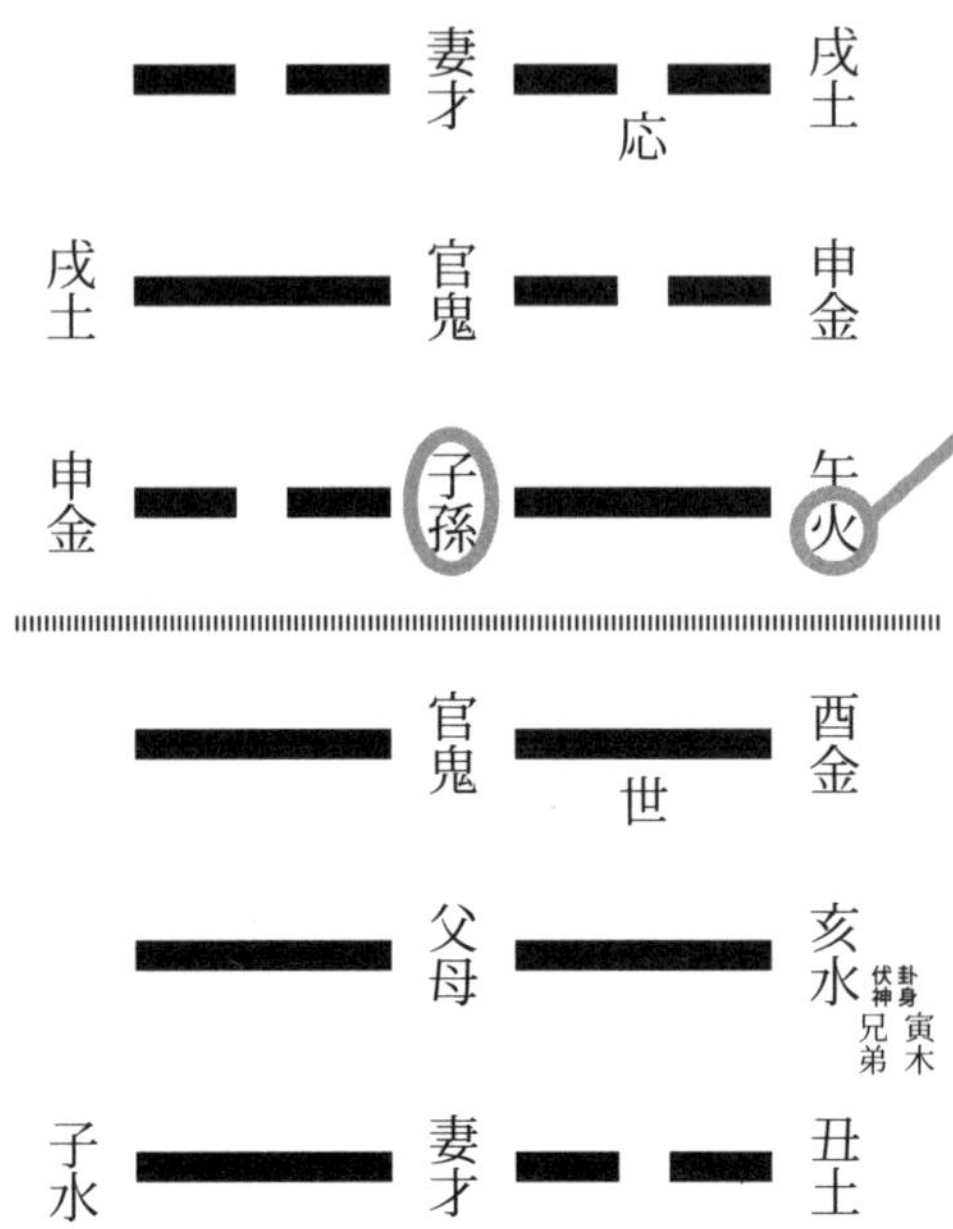

⑨日月からの五行での作用で吉凶を判断する。

⑩特殊作用があるかないかを調べ、あれば爻図に書き込んでいきます。
書き込むのは、とりあえずは三神のみで構いません。

・回頭生…動爻において、変爻（化爻）から本爻が生じられる場合（上巻一一七頁参照）

	回頭生
化爻↓本爻	木↓火
化爻↓本爻	火↓土
化爻↓本爻	土↓金
化爻↓本爻	金↓水
化爻↓本爻	水↓木

・回頭剋…動爻において、変爻（化爻）から本爻が剋される場合（上巻一一七頁参照）

	回頭剋
化爻↓本爻	木↓土
化爻↓本爻	土↓水
化爻↓本爻	水↓火
化爻↓本爻	火↓金
化爻↓本爻	金↓木

・泄気…動爻において、本爻から変爻（化爻）への十二支が生じている場合（上巻一一七頁参照）

	泄気
本爻→化爻	木→火
本爻→化爻	火→土
本爻→化爻	土→金
本爻→化爻	金→水
本爻→化爻	水→木

・進神・退神…動爻において、本爻から化爻（変爻）へ左記のように変化する場合（上巻一四三頁参照）

	進神	退神
本爻→化爻	丑→辰	辰→丑
本爻→化爻	寅→卯	卯→寅
本爻→化爻	辰→未	未→辰
本爻→化爻	未→戌	戌→未
本爻→化爻	申→酉	酉→申

・三合会局…動爻の中で、三つの支が左記の組み合わせになっている場合（上巻一五四頁参照）

	木局	
未	卯	亥

	火局	
戌	午	寅

	土局	
寅	戌	午

	金局	
丑	酉	巳

	水局	
辰	子	申

＊三合会局になるためのルール

①本爻だけで動いている場合
②本爻で二つの爻が動いて、その二爻と日辰で三合会局する場合
③内卦、外卦、それぞれの中で、本爻で三合会局する場合
④内卦、外卦、それぞれの中で、化爻で三合会局する場合

・虚一待用…本爻で二爻が発動して、他の一爻を待てば三合会局になる場合（下巻九七頁参照）

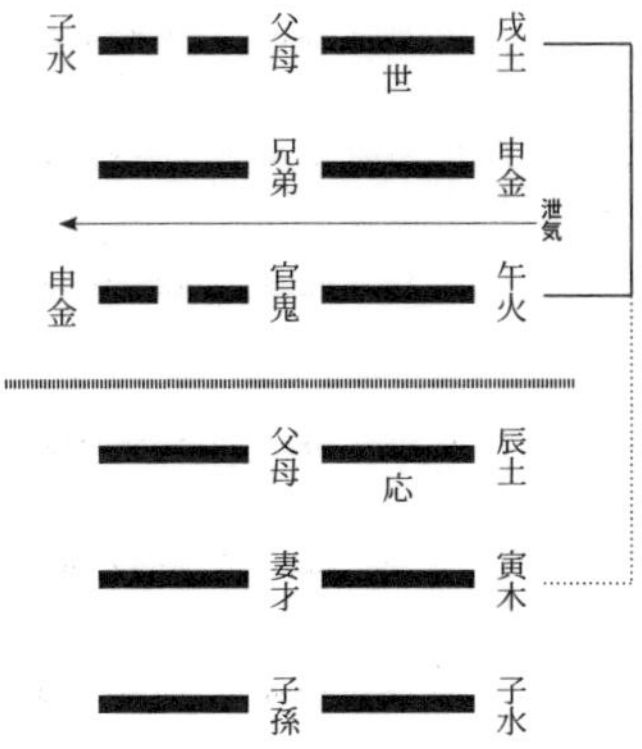

【虚一待用　例】

・爻合住…内卦や外卦で、本爻と化爻（変爻）の関係が「合」になっていて、三爻全てが動き隣接して並んでいる場合（上巻二一八頁参照）

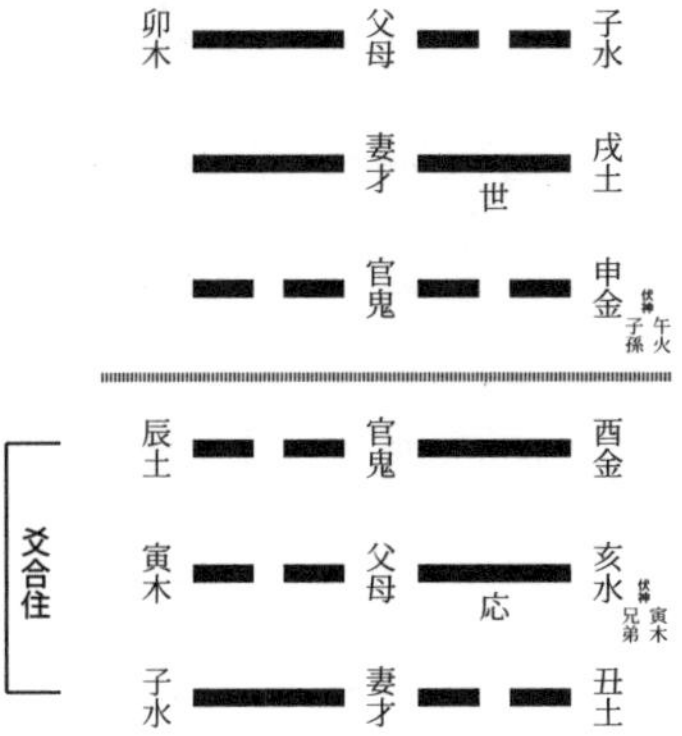

【爻合住　例】

・伏吟…動爻二つの爻が隣接しており、本爻の支と同じ支が化爻に出る場合（下巻七四頁参照）

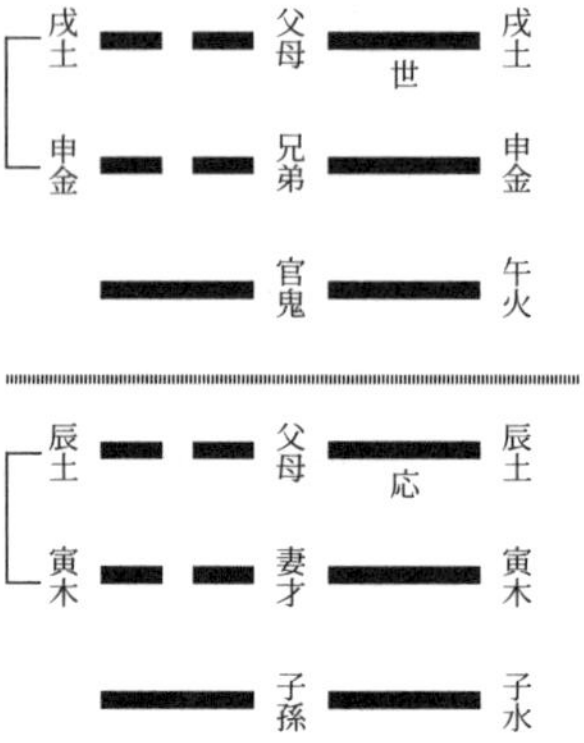

【伏吟　例】

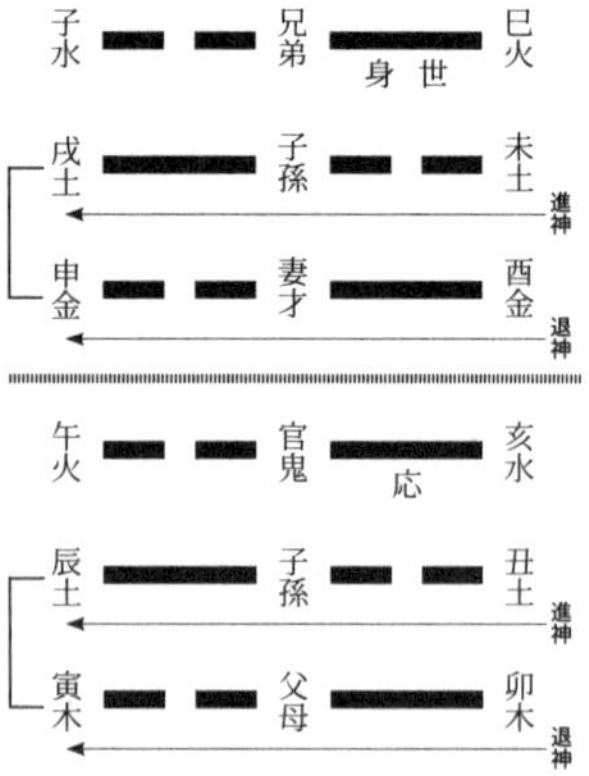

【準伏吟　例】

・準伏吟…進神、退神の動いている爻が、二つで隣接する場合（下巻七六頁参照）

・反吟…本爻の支が動いて化爻の支と冲している爻が、二つ上下に隣接している場合（下巻七九頁参照）

巳ー亥
卯ー酉

・真反吟…動爻で、化爻の支が本爻の支を冲して回頭剋している場合（下巻八一頁参照）

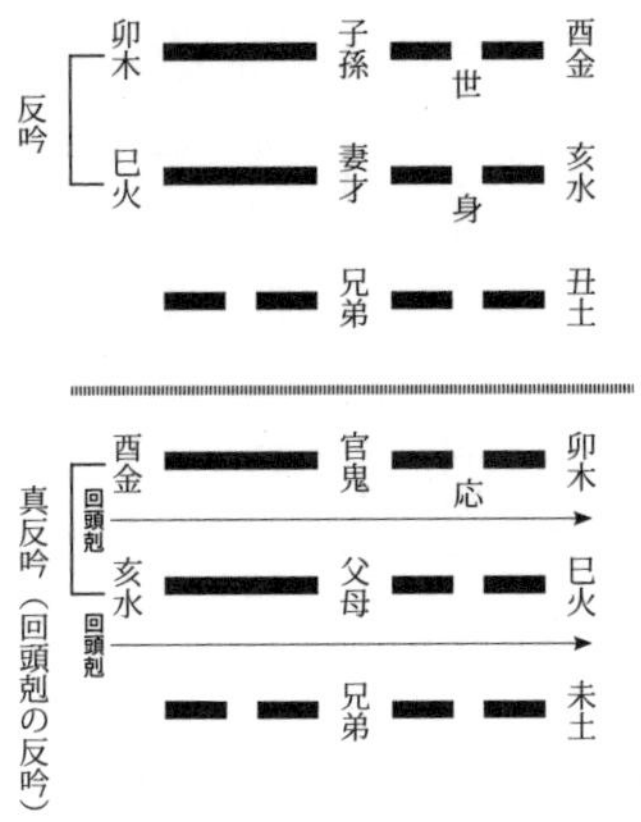

【反吟・真反吟　例】

◎応期断法（上巻一七八頁以降・下巻一〇九頁以降参照）

通常の占断に加えて、「それはいつなのか」、「いつ終結するのか」、「いつ変化があるのか」といった、その日月を特定します。

⑪目的占(身命占以外の占的)は世爻の動きを見ます。世爻が動いていたら何に化したのかを判断します。

⑫最後に爻冲、爻合の有無を調べます。

得卦した卦中で動いている爻があれば、その動爻から他の爻に合したり冲したりします（下巻四五頁参照）。

爻合	午－未	巳－申	辰－酉	卯－戌	寅－亥	丑－子
爻冲	巳－亥	辰－戌	卯－酉	寅－申	丑－未	子－午

⑬総合判断します（吉凶）。

・吉凶の基本的判断は、用神が強く、用神を支える原神も強く、用神を潰す役目の忌神が弱いことが吉になりますが、占的によっては占断方法が違いますので間違わないようにして下さい。

・どうしても吉凶判断がつかない場合には、日辰に六親五類の何が付いているのかを参考にして吉凶の判断にすることもありますが、あくまでも日月から三神への五行の強弱による吉凶判断を優先するのが基本です。日辰に帯類する吉星は妻才爻、子孫爻になります。

占断の後に、結果が分かるようであれば、その成り行きなどを鑑定書（ノート）に記入するようにして下さい。後日再度、判断することによって上達するコツも掴めてきます。そして占断を多くすれば自然に研究材料が増えていきますし、自信にもつながります。

「○○だ！」と断じて、明解に応ずるのが断易の特徴ですが、応期断法の手法は、更に断易の醍醐味となります。屈せず迷わず、この機に人生の友として活用して頂けることを希求し、微力ながら助勢できればと思います。

あとがき

最後までお付き合いを頂きまして誠にありがとうございました。

上巻において、断易の入門・初級者が修得すべき具体的な方法論は、「一応書き終えた」という実感を得ていましたので、テクニックの面において補完するべく、この下巻では、「一体どのように……」と、再考する時間が必要でした。本巻を新たな入門書として、どのように構成していけば良いのかと、考える時間が半年にも及び、暗雲立ち込める日々に苦悶しながら、今ようやく校了に辿りついた次第です。

断易という術であれ、他の占術であれ、即席に修得できる方法は、世界中どこを探しても見つかりません。地道に少しずつ積み上げていくしかないのです。しかし、せっかちな私は、新しい設計図を見せられると、それが複雑なものであっても、どんな立体になるのかを早く見たくてしょうがない性分なのです。本書の表題では入門という名が付いています。これは、断易と言う設計図が書かれている説明書でもあります。そんな私が手がける説明書は、とにかく「手っ取り早く全体像を見てみようよ！」という思いから書かせて頂きました。

中盤、難しさも感じて息切れしそうになるかもしれませんが、その一つ一つが後に必ず役に立ってきます。一度頭に入ったものは海馬のどこかしらに歴然とした足跡を残すからです。さまざまな占断をこなしていくうちに、それらの記憶の断片が、新たに作られた神経回路とつながり、何度も反復することによって強化されていくのは間違いありません。本書が、断易という占術を修得するうえでの一助になれば幸いです。

人間は本来、自分の感性や感覚によって、しっかりと物事の決断が出来るようになっていますが、時に何かの不安が襲って判断出来ない状況に陥ることもあります。人生の岐路に立たされて迷う、そんな孤独な決断に際して、断易はYES、NOをはっきりと物言いし、背中を後押してくれるに違いありません。遺憾無く発揮する人生の指針の道具の一つとして、どうかお見知り置かれますことを切に願います。

なお、上巻にも記しましたが、断易へのさらなる理解を深めるための講座のようなものを考えております。

ご興味のある方は、同封の愛読者ハガキに、ご住所、お名前、メールアドレスを明記してご投函いただければ、詳細が決まり次第、八幡書店編集部から詳細をご連絡致します。

より豊かな、ステキな人生を、そして幸せの花をあなたへ

東京にて

雪之静　術士

＊用神分類（六親五類）

・父母（我を生じてくれるものからの拡大解釈）自分を擁護し与え庇う意から推する。
父母、祖父母、伯叔父母、義父母、舅姑、家主、師匠（先生）、学問、辞令、免状、技術、画家、家宅、社宅、部屋、建物、城、土地、田園、池、船、車、その他車類、電車、飛行機、旅行、衣具、布類、テント、毛布、雨具、書類、帳簿、文章、文学、書籍、印鑑（三文判）、財布のみ、日用品・雑貨、鍵、電話・携帯、通信、スマホ、パソコン（一般用）、電報、訴状、雪、雨、辛労感

・官鬼（我を剋するものからの拡大解釈）自分を拘束し威圧、害を与える意から推する。
夫、社長、上司、部長、課長、勤務先、男性、官庁、判検事、政府、内閣、裁判所、裁判、税務署、警察署、勲章、設計、功名（名誉）、諸霊、祟り、怪異現象、人気、病気、盗賊、反逆者、武器、凶器（刀剣・鉄砲）、罪科、障害、逆風、死体、霧、異常気候（台風・地震・雷・稲妻・暴風・豪雨）、患難感

・兄弟（我と同じものからの拡大解釈）自分と利害を同じにするという意から推する。
兄弟、姉妹、義兄弟、従兄弟、従姉妹、姉婿、兄嫁、ライバル、同僚、同業、同門、同輩、分店、破財、破壊、損失、出費、虚言、不実、風、曇り、焦躁感

・**妻才**（我から剋するものからの拡大解釈）自分が使用、利潤を得るとの意から推する。

妻妾、女性、従業員、事務員、部下、物置、土蔵、倉庫、タンス、台所用品、ブランド、女性用雑貨・高価日用品、パソコン（仕事用）、貴重品（印鑑（実印）・財布（銀行カード入り）、有価証券、相場、財産、報酬、通貨、事業、謝儀、旅費、金属、宝石、株価、食べ物、農作物、海産物、晴天、充実感

・**子孫**（我から生ずるものからの拡大解釈）自分を穏やかに安泰させるの意から推する。

子供、孫、甥姪、徒弟、神官、寺僧、修験、守札、霊符、法事、門人、弟子、薬剤師、弁護士、医療器薬、医者、家庭、化学工業、パーティー、六畜、飼鳥、養魚、蚕、虫類一切、避暑地、お酒・肴、飲み物、お菓子、茶の湯、活花類、ラッキー、順風、好天気、幸福感

・**世爻**　自分、依頼者

・**応爻**　知人、友人、他人、あの人、知らない相手、用神の定まらないもの、他

☆資料

＊月の干支

年干	甲己	乙庚	丙辛	丁壬	戊癸
2月	丙寅	戊寅	庚寅	壬寅	甲寅
3月	丁卯	己卯	辛卯	癸卯	乙卯
4月	戊辰	庚辰	壬辰	甲辰	丙辰
5月	己巳	辛巳	癸巳	乙巳	丁巳
6月	庚午	壬午	甲午	丙午	戊午
7月	辛未	癸未	乙未	丁未	己未
8月	壬申	甲申	丙申	戊申	庚申
9月	癸酉	乙酉	丁酉	己酉	辛酉
10月	甲戌	丙戌	戊戌	庚戌	壬戌
11月	乙亥	丁亥	己亥	辛亥	癸亥
12月	丙子	戊子	庚子	壬子	甲子
1月	丁丑	己丑	辛丑	癸丑	乙丑

＊時間の干支

日干／時間	甲己日	乙庚日	丙辛日	丁壬日	戊癸日
午後11時～午前1時	甲子	丙子	戊子	庚子	壬子
午前1時～午前3時	乙丑	丁丑	己丑	辛丑	癸丑
午前3時～午前5時	丙寅	戊寅	庚寅	壬寅	甲寅
午前5時～午前7時	丁卯	己卯	辛卯	癸卯	乙卯
午前7時～午前9時	戊辰	庚辰	壬辰	甲辰	丙辰
午前9時～午前11時	己巳	辛巳	癸巳	乙巳	丁巳
午前11時～午後1時	庚午	壬午	甲午	丙午	戊午
午後1時～午後3時	辛未	癸未	乙未	丁未	己未
午後3時～午後5時	壬申	甲申	丙申	戊申	庚申
午後5時～午後7時	癸酉	乙酉	丁酉	己酉	辛酉
午後7時～午後9時	甲戌	丙戌	戊戌	庚戌	壬戌
午後9時～午後11時	乙亥	丁亥	己亥	辛亥	癸亥

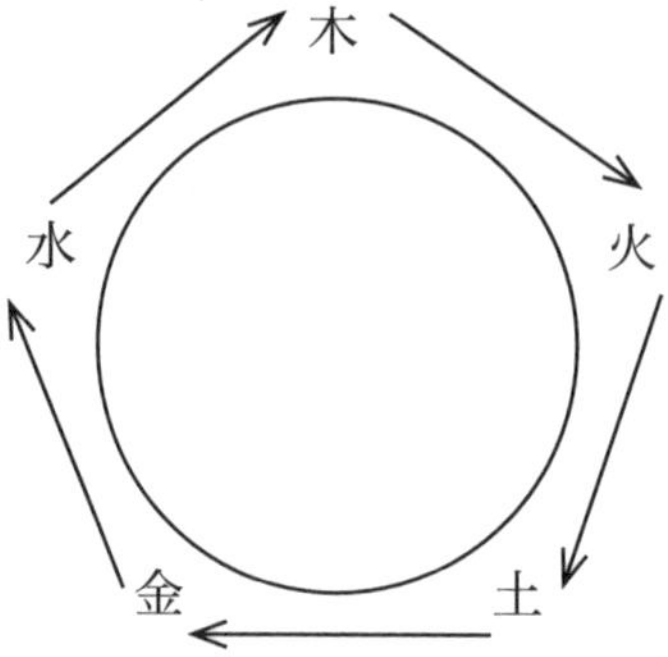

＊六十干支表

										空亡
甲子	乙丑	丙寅	丁卯	戊辰	己巳	庚午	辛未	壬申	癸酉	戌亥
甲戌	乙亥	丙子	丁丑	戊寅	己卯	庚辰	辛巳	壬午	癸未	申酉
甲申	乙酉	丙戌	丁亥	戊子	己丑	庚寅	辛卯	壬辰	癸巳	午未
甲午	乙未	丙申	丁酉	戊戌	己亥	庚子	辛丑	壬寅	癸卯	辰巳
甲辰	乙巳	丙午	丁未	戊申	己酉	庚戌	辛亥	壬子	癸丑	寅卯
甲寅	乙卯	丙辰	丁巳	戊午	己未	庚申	辛酉	壬戌	癸亥	子丑

＊生剋合冲表

丑	子	亥	戌	酉	申	未	午	巳	辰	卯	寅	支／作用
土	水		土	金		土	火		土	木		・併（月・日） ・比和
金	木		金	水		金	土		金	火		生
子	丑	寅	卯	辰	巳	午	未	申	酉	戌	亥	合
水	火		水	木		水	金		水	土		・休囚　剋
木	土		木	火		木	水		火	金		・休囚
火	金		火	土		火	木		木	水		・休囚
	午	巳		卯	寅		子	亥		酉	申	冲
未			辰			丑			戌			朋冲

I、合の関係

午―未
巳―申
辰―酉
卯―戌
寅―亥
丑―子

II、冲の関係

巳―亥
辰―戌（朋冲）
卯―酉
寅―申
丑―未（朋冲）
子―午

＊六親五類生剋表

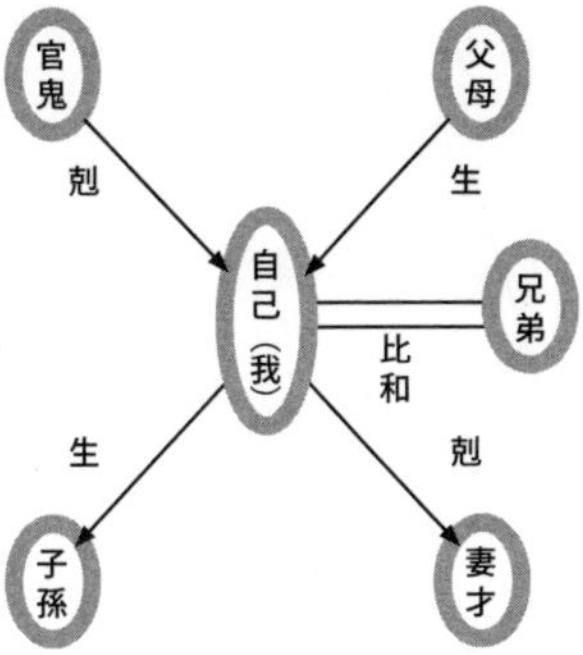

＊生する関係・剋する関係

・生ずる関係は右まわり

兄↓孫
孫↓才
才↓官
官↓父
父↓兄

・剋する関係は☆型図形

兄↓才
才↓父
父↓孫
孫↓官
官↓兄

＊進神・退神

進神	退神
丑↓辰	辰↓丑
寅↓卯	卯↓寅
辰↓未	未↓辰
未↓戌	戌↓未
申↓酉	酉↓申

支	方位	数	色
子	北	9	黒
丑	北東	6	黄
寅	東北	1	青
卯	東	2	緑
辰	東南	5	金
巳	南東	4	朱
午	南	3	赤
未	南西	6	黄
申	西南	7	銀
酉	西	8	白
戌	西北	5	金
亥	北西	10	紫

*十二支関連表

	木局	
未	卯	亥

	火局	
戌	午	寅

	土局	
寅	戌	午

	金局	
丑	酉	巳

	水局	
辰	子	申

*三合会局

＊六十四卦表（読み方）

兌宮	坤宮	離宮	巽宮	震宮	艮宮	坎宮	乾宮	
57 兌為沢 だいたく	49 坤為地 こんいち	41 離為火 こんいち	33 巽為風 そんいふう	25 震為雷 しんいらい	17 艮為山 ごんいざん	9 坎為水 かんいすい	1 乾為天 けんいてん	八純卦
58 沢水困 たくすいこん	50 地雷復 ちらいふく	42 火山旅 かざんりょ	34 風天小畜 ふうてんしょうちく	26 雷地豫 らいちよ	18 山火賁 さんかひ	10 水沢節 すいたくせつ	2 天風姤 てんぷうこう	一世卦
59 沢地萃 たくちすい	51 地沢臨 ちたくりん	43 火風鼎 かふうてい	35 風火家人 ふうかかじん	27 雷水解 らいすいかい	19 山天大畜 さんてんたいちく	11 水雷屯 すいらいちゅん	3 天山遯 てんざんとん	二世卦
60 沢山咸 たくちすい	52 地天泰 ちてんたい	44 火水未済 かすいびせい	36 風雷益 ふうらいえき	28 雷風恒 らいふうこう	20 山沢損 さんたくそん	12 水火既済 すいかきせい	4 天地否 てんちひ	三世卦
61 水山蹇 すいざんけん	53 雷天大壮 らいてんたいそう	45 山水蒙 さんすいもう	37 天雷无妄 てんらいむぼう	29 地風升 ちふうしょう	21 火沢睽 かたくけい	13 沢火革 たくかかく	5 風地観 ふうちかん	四世卦
62 地山謙 ちざんけん	54 沢天夬 たくてんかい	46 風水渙 ふうすいかん	38 火雷噬嗑 からいぜいごう	30 水風井 すいふうせい	22 天沢履 てんたくり	14 雷火豊 らいかほう	6 山地剥 さんちはく	五世卦
63 雷山小過 らいざんしょうか	55 水天需 すいてんじゅ	47 天水訟 てんすいしょう	39 山雷頤 さんらいい	31 沢風大過 たくふうたいか	23 風沢中孚 ふうたくちゅうふ	15 地火明夷 ちかめいい	7 火地晋 かちしん	遊魂卦
64 雷沢帰妹 らいたくきまい	56 水地比 すいちひ	48 天火同人 てんかどうじん	40 山風蠱 さんぷうこ	32 沢雷随 たくらいずい	24 風山漸 ふうざんぜん	16 地水師 ちすいし	8 火天大有 かてんたいゆう	帰魂卦

＊六十四卦配当表

								外卦
4	3	47	2	37	48	22	1	乾
59	60	58	31	32	13	57	54	兌
7	42	44	43	38	41	21	8	離
26	63	27	28	25	14	64	53	震
5	24	46	33	36	35	23	34	巽
56	61	9	30	11	12	10	55	坎
6	17	45	40	39	18	20	19	艮
49	62	16	29	50	15	51	52	坤
坤	艮	坎	巽	震	離	兌	乾	内卦

＊納爻表

兌宮	坤宮	離宮	巽宮	震宮	艮宮	坎宮	乾宮	
冲 兌 四57 父 ━ ━ 未 兄 ━━━ 酉 孫 ━━━ 亥 父 ━ ━ 丑 才 ━━━ 卯 官 ━━━ 巳	冲 坤 五49 孫 ━ ━ 酉 才 ━ ━ 亥 兄 ━ ━ 丑 官 ━ ━ 卯 父 ━ ━ 巳 兄 ━ ━ 未	冲 離 上41 兄 ━━━ 巳 孫 ━ ━ 未 才 ━━━ 酉 官 ━━━ 亥 孫 ━ ━ 丑 父 ━━━ 卯	冲 巽 五33 兄 ━━━ 卯 孫 ━━━ 巳 才 ━ ━ 未 官 ━━━ 酉 父 ━━━ 亥 才 ━ ━ 丑	冲 震 亥25 才 ━ ━ 戌 官 ━ ━ 申 孫 ━━━ 午 才 ━ ━ 辰 兄 ━ ━ 寅 父 ━━━ 子	冲 艮 巳17 官 ━━━ 寅 才 ━ ━ 子 兄 ━ ━ 戌 孫 ━━━ 申 父 ━ ━ 午 兄 ━ ━ 辰	冲 坎 亥9 兄 ━ ━ 子 官 ━━━ 戌 父 ━ ━ 申 才 ━ ━ 午 官 ━━━ 辰 孫 ━ ━ 寅	冲 乾 巳1 父 ━━━ 戌 兄 ━━━ 申 官 ━━━ 午 父 ━━━ 辰 才 ━━━ 寅 孫 ━━━ 子	世上 応三 八純卦
合 困 三58 父 ━ ━ 未 兄 ━━━ 酉 孫 ━━━ 亥 官 ━ ━ 午 父 ━━━ 辰 才 ━ ━ 寅	合 復 初50 孫 ━ ━ 酉 才 ━ ━ 亥 兄 ━ ━ 丑 兄 ━ ━ 辰 官 ━ ━ 寅 父巳 才 ━━━ 子	合 旅 二42 兄 ━━━ 巳 孫 ━ ━ 未 才 ━━━ 酉 才 ━━━ 申 官亥 兄 ━ ━ 午 孫 ━ ━ 辰 父卯	小畜 初34 兄 ━━━ 卯 孫 ━━━ 巳 才 ━ ━ 未 才 ━━━ 辰 官酉 兄 ━━━ 寅 父 ━━━ 子	合 予 四26 才 ━ ━ 戌 官 ━ ━ 申 孫 ━━━ 午 兄 ━ ━ 卯 孫 ━ ━ 巳 才 ━ ━ 未 父子	合 賁 五18 官 ━━━ 寅 才 ━ ━ 子 兄 ━ ━ 戌 才 ━━━ 亥 孫申 兄 ━ ━ 丑 父午 官 ━━━ 卯	合 節 上10 兄 ━ ━ 子 官 ━━━ 戌 父 ━ ━ 申 官 ━ ━ 丑 孫 ━━━ 卯 才 ━━━ 巳	姤 四2 父 ━━━ 戌 兄 ━━━ 申 官 ━━━ 午 兄 ━━━ 酉 孫 ━━━ 亥 才寅 父 ━ ━ 丑	応四 世初 一世卦
萃 上59 父 ━ ━ 未初 兄 ━━━ 酉 孫 ━━━ 亥 才 ━ ━ 卯 官 ━ ━ 巳 父 ━ ━ 未	臨 四51 孫 ━ ━ 酉三 才 ━ ━ 亥 兄 ━ ━ 丑 兄 ━ ━ 丑 官 ━━━ 卯 父 ━━━ 巳	鼎 初43 兄 ━━━ 巳 孫 ━ ━ 未 才 ━━━ 酉 才 ━━━ 酉 官 ━━━ 亥 孫 ━ ━ 丑 父卯	家人 四35 兄 ━━━ 卯 孫 ━━━ 巳 才 ━ ━ 未 父 ━━━ 亥 官酉 才 ━ ━ 丑 兄 ━━━ 卯	解 丑27 才 ━ ━ 戌 官 ━ ━ 申 孫 ━━━ 午 孫 ━ ━ 午 才 ━━━ 辰 兄 ━ ━ 寅 父子	大畜 丑19 官 ━━━ 寅 才 ━ ━ 子 兄 ━ ━ 戌 兄 ━━━ 辰 孫申 官 ━━━ 寅 父午 才 ━━━ 子	屯 未11 兄 ━ ━ 子 官 ━━━ 戌 父 ━ ━ 申 官 ━ ━ 辰 才午 孫 ━ ━ 寅 兄 ━━━ 子	遯 未3 父 ━━━ 戌 兄 ━━━ 申 官 ━━━ 午 兄 ━━━ 申 官 ━ ━ 午 才寅 父 ━ ━ 辰 孫子	応五 世二 二世卦
咸 寅60 父 ━ ━ 未 兄 ━━━ 酉 孫 ━━━ 亥 兄 ━━━ 申 官 ━ ━ 午 才卯 父 ━ ━ 辰	合 泰 二52 孫 ━ ━ 酉 才 ━ ━ 亥 兄 ━ ━ 丑 兄 ━━━ 辰 官 ━━━ 寅 父巳 才 ━━━ 子	未済 申44 兄 ━━━ 巳 孫 ━ ━ 未 才 ━━━ 酉 兄 ━ ━ 午 官亥 孫 ━━━ 辰 父 ━ ━ 寅	益 申36 兄 ━━━ 卯 孫 ━━━ 巳 才 ━ ━ 未 才 ━ ━ 辰 官酉 兄 ━ ━ 寅 父 ━━━ 子	恒 伏28 才 ━ ━ 戌寅 官 ━ ━ 申 孫 ━━━ 午 官 ━━━ 酉 父 ━━━ 亥 兄寅 才 ━ ━ 丑	損 伏20 官 ━━━ 寅申 才 ━ ━ 子 兄 ━ ━ 戌 兄 ━ ━ 丑 孫申 官 ━━━ 卯 父 ━━━ 巳	既済 寅12 兄 ━ ━ 子 官 ━━━ 戌 父 ━ ━ 申 兄 ━━━ 亥 才午 官 ━ ━ 丑 孫 ━━━ 卯	合 否 五4 父 ━━━ 戌 兄 ━━━ 申 官 ━━━ 午 才 ━ ━ 卯 官 ━ ━ 巳 父 ━ ━ 未 孫子	応上 世三 三世卦
蹇 酉61 孫 ━ ━ 子 父 ━━━ 戌 兄 ━ ━ 申 兄 ━━━ 申 官 ━ ━ 午 才卯 父 ━ ━ 辰	冲 大壮 卯53 兄 ━ ━ 戌 孫 ━ ━ 申 父 ━━━ 午 兄 ━━━ 辰 官 ━━━ 寅 才 ━━━ 子	蒙 伏45 父 ━━━ 寅酉 官 ━ ━ 子 孫 ━ ━ 戌 才酉 兄 ━ ━ 午 孫 ━━━ 辰 父 ━ ━ 寅	冲 无妄 卯37 才 ━━━ 戌 官 ━━━ 申 孫 ━━━ 午 才 ━ ━ 辰 兄 ━ ━ 寅 父 ━━━ 子	升 上29 官 ━ ━ 酉三 父 ━ ━ 亥 才 ━ ━ 丑 孫午 官 ━━━ 酉 父 ━━━ 亥 兄寅 才 ━ ━ 丑	睽 二21 父 ━━━ 巳 兄 ━ ━ 未 才子 孫 ━━━ 酉 兄 ━ ━ 丑 官 ━━━ 卯 父 ━━━ 巳	革 初13 官 ━ ━ 未 父 ━━━ 酉 兄 ━━━ 亥 兄 ━━━ 亥 才午 官 ━ ━ 丑 孫 ━━━ 卯	観 酉5 才 ━━━ 卯 官 ━━━ 巳 兄申 父 ━ ━ 未 才 ━ ━ 卯 官 ━ ━ 巳 父 ━ ━ 未 孫子	世四 応初 四世卦
謙 戌62 兄 ━ ━ 酉 孫 ━ ━ 亥 父 ━ ━ 丑 兄 ━━━ 申 官 ━ ━ 午 才卯 父 ━ ━ 辰	夬 三54 兄 ━ ━ 未 孫 ━━━ 酉 才 ━━━ 亥 兄 ━━━ 辰 官 ━━━ 寅 父巳 才 ━━━ 子	渙 二46 父 ━━━ 卯 兄 ━━━ 巳 孫 ━ ━ 未 才酉 兄 ━ ━ 午 官亥 孫 ━━━ 辰 父 ━ ━ 寅	噬嗑 戌38 孫 ━━━ 巳 才 ━ ━ 未 官 ━━━ 酉 才 ━ ━ 辰 兄 ━ ━ 寅 父 ━━━ 子	井 辰30 父 ━ ━ 子 才 ━━━ 戌 官 ━ ━ 申 孫午 官 ━━━ 酉 父 ━━━ 亥 兄寅 才 ━ ━ 丑	履 辰22 兄 ━━━ 戌 孫 ━━━ 申 才子 父 ━━━ 午 兄 ━ ━ 丑 官 ━━━ 卯 父 ━━━ 巳	豊 上14 官 ━ ━ 戌 父 ━ ━ 申 才 ━━━ 午 兄 ━━━ 亥 官 ━ ━ 丑 孫 ━━━ 卯	剥 四6 才 ━━━ 寅 孫 ━ ━ 子 兄申 父 ━ ━ 戌 才 ━ ━ 卯 官 ━ ━ 巳 父 ━ ━ 未	世五 応二 五世卦
小過 伏63 父 ━ ━ 戌卯 兄 ━ ━ 申 官 ━━━ 午 孫亥 兄 ━━━ 申 官 ━ ━ 午 才卯 父 ━ ━ 辰	需 酉55 才 ━ ━ 子 兄 ━━━ 戌 孫 ━ ━ 申 兄 ━━━ 辰 官 ━━━ 寅 父巳 才 ━━━ 子	訟 卯47 孫 ━━━ 戌 才 ━━━ 申 兄 ━━━ 午 兄 ━ ━ 午 官亥 孫 ━━━ 辰 父 ━ ━ 寅	頤 伏39 兄 ━━━ 寅酉 父 ━ ━ 子 孫巳 才 ━ ━ 戌 才 ━ ━ 辰 官酉 兄 ━ ━ 寅 父 ━━━ 子	大過 卯31 才 ━ ━ 未 官 ━━━ 酉 父 ━━━ 亥 孫午 官 ━━━ 酉 父 ━━━ 亥 兄寅 才 ━ ━ 丑	中孚 酉23 官 ━━━ 卯 父 ━━━ 巳 才子 兄 ━ ━ 未 兄 ━ ━ 丑 孫申 官 ━━━ 卯 父 ━━━ 巳	明夷 上15 父 ━ ━ 酉 兄 ━ ━ 亥 官 ━ ━ 丑 兄 ━━━ 亥 才午 官 ━ ━ 丑 孫 ━━━ 卯	晋 三7 官 ━━━ 巳 父 ━ ━ 未 兄 ━━━ 酉 才 ━ ━ 卯 官 ━ ━ 巳 父 ━ ━ 未 孫子	世四 応初 遊魂卦
帰妹 五64 父 ━ ━ 戌 兄 ━ ━ 申 官 ━━━ 午 孫亥 父 ━ ━ 丑 才 ━━━ 卯 官 ━━━ 巳	比 四56 才 ━ ━ 子 兄 ━━━ 戌 孫 ━ ━ 申 官 ━ ━ 卯 父 ━ ━ 巳 兄 ━ ━ 未	同人 寅48 孫 ━━━ 戌 才 ━━━ 申 兄 ━━━ 午 官 ━━━ 亥 孫 ━ ━ 丑 父 ━━━ 卯	蠱 上40 兄 ━━━ 寅 父 ━ ━ 子 孫巳 才 ━ ━ 戌 官 ━━━ 酉 父 ━━━ 亥 才 ━ ━ 丑	随 申32 才 ━ ━ 未 官 ━━━ 酉 父 ━━━ 亥 孫午 才 ━ ━ 辰 兄 ━ ━ 寅 父 ━━━ 子	漸 寅24 官 ━━━ 卯 父 ━━━ 巳 才子 兄 ━ ━ 未 孫 ━━━ 申 父 ━ ━ 午 兄 ━ ━ 辰	師 申16 父 ━ ━ 酉 兄 ━ ━ 亥 官 ━ ━ 丑 才 ━ ━ 午 官 ━━━ 辰 孫 ━ ━ 寅	大有 二8 官 ━━━ 巳 父 ━ ━ 未 兄 ━━━ 酉 父 ━━━ 辰 才 ━━━ 寅 孫 ━━━ 子	応上 世三 帰魂卦

左上　六冲・六合　　中上　卦身の爻 or 裏卦神　　右上　卦 No　　右中下　伏神

監修：雪之靜・御子神丙竜

＊V トレーニング・解答

① 丙寅月　壬午日　空亡〔申酉〕

			月建	日辰
静爻	用神	午	（生じられる）	（日併）
動爻	原神	寅	（月併）	（休囚）
動爻	忌神	亥	（月合）	（休囚）

② 辛未月　甲子日　空亡〔戌亥〕

			月建	日辰
動爻	用神	丑	（月破）	（合住）
静爻	原神	午	（月合）	（冲起暗動）
静爻	忌神	寅	（休囚）	（生じられる）

③ 甲戌月　甲辰日　空亡〔寅卯〕

			月建	日辰
静爻	用神	申	（生じられる）	（生じられる）

静爻　原神　辰（　月破　）（　日併　）
動爻　忌神　午（　休囚　）（　休囚　）

④　丙子月　乙未日　空亡〔辰巳〕
月建　日辰
動爻　用神　子（　月併　）（　休囚・剋　）
静爻　原神　酉（　休囚　）（　生じられる　）
静爻　忌神　丑（　月合　）（　冲起暗動　）

⑤　庚申月　乙酉日　空亡〔午未〕
月建　日辰
静爻　用神　巳（　月合　）（　休囚　）
動爻　原神　卯（　休囚・剋　）（　冲散　）
静爻　忌神　亥（　生じられる　）（　生じられる　）

＊参考文献

卜筮正宗　王洪緒 輯
増刪卜易　野鶴老人
断易大全（全）　余興国 編輯
卜筮探原　張志超
写本　断易真訣　真勢中州 口訣
五行易指南　桜田虎門
五行易活断　澁江羽化
周易古筮考　藪田嘉一郎 編訳注
五行易精蘊　加藤大岳
易学尚占　活断自在　紀藤元之介
三文易講話　天野真人 講述
漢易研究　鈴木由次郎
断易精蘊　九鬼盛隆
断易真義　全　九鬼盛隆
断易発玄　貨殖秘策　九鬼復堂
断易入門　菅原壮
五行易の研究　脇田三治
近代五行易実占集　一～六　易八大 編
五行易直截　易八大
納甲表　易八大 編
奥伝　断易秘法　上　雪之靜
漢和大字典　藤堂明保 編
中日大辞典（大修館書店）
五行易活用秘儀　佐藤六龍
五行易口訣集　大熊光山 述
卜筮正宗　藤田善三郎 訳著
増刪卜易　藤田善三郎 訳著
五行大義　上下　中村璋八

断易の占い方　丹藤龍則
断易尋真　胡煦の納支とは何か　丹藤龍則
断易釈故　歌丸光四郎編
新・断易教室　萩原孝堂・冨樹麗舟共編
断易原典【全】　菊地靖典述・萩原孝堂筆録
五行易大伝授　佐方天山
易経　上下　高田真治・後藤基巳訳
易の世界　加地伸行編
現代に息づく陰陽五行　稲田義行
天山流　五行易入門　佐方天山

漢書藝文志　鈴木由次郎
淮南子　上　楠山春樹
中国哲学史　狩野直喜
日本近代五行易秘伝書　神作昴臣
暦の読み方㊙事典　岡田芳朗
現代こよみ読み解き事典　岡田芳朗・阿久根末忠 編著
M・D・A・スーパー納爻表　雪之靜・御子神内竜 編
現代断易実践　中　解釈編　雪之靜
現代断易実践　下　秘解編　雪之靜
広辞苑　（岩波書店）

雪之静先生による断易の通信鑑定・通信講座を予定しております。

詳細をお知りになりたい方は、同封の愛読者ハガキに、お名前、ご住所、メールアドレスを明記してご投函下さい（お電話での問い合わせも受け付けております。TEL:03-3785-0881）。

鑑定及び講座の詳細が決まりましたら、ご連絡申し上げます。

1日でマスター 断易《だんえき》入門《にゅうもん》講座《こうざ》 **下**【虎《とら》の巻《まき》】

2020年2月14日　初版発行

著　者　雪之静（叶世雪之静）
発行者　堀本敏雄
発　行　八幡書店
　　　　東京都品川区平塚2-1-16 KKビル5F
　　　　TEL：03-3785-0881　FAX：03-3785-0882
印　刷　平文社
製　本　難波製本

装　幀　齋藤視倭子

ISBN978-4-89350-829-4 C0076 ¥2800E